高等学校人力资源管理实践教学系列教材

人力资源规划实训教程

赵 爽 蒋定福 主 编
卢小君 副主编

清华大学出版社
北 京

内 容 简 介

本书针对高等院校人力资源管理专业实践性和创新性强的特点而编写，主要包括九大核心内容，分别是人力资源信息收集、人力资源现状分析、人力资源战略规划、组织结构设计与变更、"四定"管理、人力资源预测、人力资源管理计划、人力资源开发计划及人力资源费用预算。

本书可切实帮助学生快速掌握人力资源管理专业知识，并使复杂、抽象、枯燥的内容生动化和形象化，有效地解决了传统教学中理论与实践相脱离的问题，并能有效激发学生的学习兴趣，强化学生的核心技能，培养和锻炼学生的实际操作能力；可使学生掌握如何有效地盘点人力资源存量，合理进行需求和供给预测，在合理的预算和风险控制内编制人力资源规划。

本书可作为应用型高等院校及高职高专院校人力资源管理专业的教材或教学参考书，也可作为企业人力资源管理人员的培训教材或自学参考书。

本书封面贴有清华大学出版社防伪标签，无标签者不得销售。
版权所有，侵权必究。举报：010-62782989，beiqinquan@tup.tsinghua.edu.cn。

图书在版编目(CIP)数据

人力资源规划实训教程 / 赵爽，蒋定福主编. —— 北京：清华大学出版社，2023.7
高等学校人力资源管理实践教学系列教材
ISBN 978-7-302-57896-3

Ⅰ.①人… Ⅱ.①赵… ②蒋… Ⅲ.①人力资源管理—高等学校—教材 Ⅳ.①F243

中国版本图书馆 CIP 数据核字(2021)第 061055 号

责任编辑：刘金喜
封面设计：周晓亮
版式设计：孔祥峰
责任校对：马遥遥
责任印制：宋　林

出版发行：清华大学出版社
网　　址：http://www.tup.com.cn，http://www.wqbook.com
地　　址：北京清华大学学研大厦 A 座　　邮　　编：100084
社 总 机：010-83470000　　邮　　购：010-62786544
投稿与读者服务：010-62776969，c-service@tup.tsinghua.edu.cn
质 量 反 馈：010-62772015，zhiliang@tup.tsinghua.edu.cn
印 装 者：三河市科茂嘉荣印务有限公司
经　　销：全国新华书店
开　　本：185mm×260mm　　印　张：13.75　　字　数：291 千字
版　　次：2023 年 7 月第 1 版　　印　次：2023 年 7 月第 1 次印刷
定　　价：59.80 元

产品编号：086963-01

编委会

主任

杨河清　首都经济贸易大学教授

副主任

刘　昕　中国人民大学教授
蒋定福　浙江精创教育科技有限公司总经理

委　员(按拼音排序)

陈　野	郭如平	郝　丽	何岩枫	江永众	焦永纪
孔　冬	兰　兰	李　丹	李海波	李丽萍	陆怡君
彭十一	史　洁	孙　华	田凤娟	田　辉	王小艳
吴歧林	夏　徽	叶晟婷	张晶晶	张永生	赵欢君
赵　爽	赵　瑜	周文彬			

丛书序

人力资源管理作为我国高校经济管理类本科专业普遍开设的核心专业课之一,在教学中占有重要地位,具有很强的实践性和应用性。但是我国高校开设人力资源管理专业较晚,而且在教学等方面存在一些问题。因此,如何建设人力资源管理专业、提高人力资源管理专业实践教学质量、促进人才培养是各高校关注的问题。

随着我国经济调整结构、转型发展,如何深化产教融合,促进教育链、人才链与产业链、创新链有机衔接成为当前的重要课题。《国务院办公厅关于深化产教融合的若干意见》(国办发〔2017〕95号)等文件指出要进一步深化产教融合、产学合作,汇聚企业资源支持高校创新创业教育,促进高校人才培养与企业发展的合作共赢。2019年4月,教育部发布《实施一流本科专业建设"双万计划"的通知》,决定全面实施"六卓越一拔尖"计划2.0,启动一流本科专业建设"双万计划",计划在2019—2021年建设1万个左右国家级一流本科专业点和1万个左右省级一流本科专业点。

在此背景下,国内领先的商科实践教学提供商——浙江精创教育科技有限公司组织全国高校人力资源管理专业教师,编写了全国首套人力资源管理实践教学系列教材。该系列教材围绕人力资源管理实践、实训教学这一条主线,采用"理论+实务/技术/工具+实训系统+实训案例"的展现形式,构建了一套全新、实用、符合新时代特征的高等学校人力资源管理实践教学体系。希望该系列教材能提升高校人力资源管理专业实践教学质量,促进高校人才培养。

该系列教材以实训内容为主,涵盖人力资源管理六大模块内容,包括工作分析、人力资源规划、招聘与甄选、培训与开发、绩效管理、薪酬管理。无论是知识的广度还是深度上,力求实现专业知识理论和实务设计相结合,体现人力资源管理专业的应用性及实用性,可以满足各类本科院校、职业院校经管类专业相关课程设置的需要。该系列教材图书书目及相对应的教学平台如下表所示。

序号	人力资源管理实践教学系列教材	对应教学平台
1	人力资源规划实训教程	人力资源规划专业技能实训系统
2	工作分析实训教程	工作分析专业技能实训系统
3	招聘与甄选实训教程	招聘与甄选专业技能实训系统
4	绩效管理实训教程	绩效管理专业技能实训系统
5	薪酬管理实训教程	薪酬管理专业技能实训系统
6	培训与开发实训教程	培训与开发专业技能实训系统
7	人力资源管理综合实训教程	人力资源管理智能仿真与竞赛对抗平台
8	人力资源管理沙盘模拟实训教程	人力资源管理沙盘模拟系统

该系列教材具有以下 4 点特色。

(1) 内容全面，为人力资源课程教学提供全面服务。

该系列实训教材涉及人力资源管理专业课程各方面的内容，有人力资源规划、工作分析、薪酬管理、培训与开发、招聘与甄选等内容，有助于学生夯实基础，进行更深层次的学习，无论是本专业学习者还是从事本行业的人员，都能从书中获得启发。

(2) 框架简明易懂，在内容编排上，以实战训练内容为主线。

该系列教材紧密结合学科的教学特点，由浅入深地安排章节内容，每一章分基础知识和实战训练两部分内容。基础知识有助于学生掌握本章知识点；实战训练的目的是提高学生的学习兴趣，并帮助学生及时巩固所学知识。

(3) 教材内容与教学软件相结合，便于授课与理解。

该系列教材实战训练内容有专业的教学软件，教师授课可使用相关软件，实时指导学生，不仅便于教师授课，同时也便于学生理解，减轻教师的授课压力。学生也可以根据教师的教学目标进行自我训练，快速掌握相关知识。

(4) 设计以学生发展为目标的教学过程。

该系列实训教材在编排过程中减少了理论知识的灌输，把学生的发展作为最终目标。每本教材都设立一个贴近现实的案例，让学生在较为真实的情境下学习、思考，以便更快掌握人力资源管理在实际中的操作方法。

为了方便教学，该系列教材提供专业软件学习，包括 PPT 课件、案例、解析、学习资料等内容，若读者在使用该系列教材的过程中遇到疑惑或困难，可发邮件至 476371891@qq.com。

编委会

前　言

人力资源规划是一门系统工程，不能一蹴而就，既需要科学系统地进行规划，也需要强大的实践作为后盾。本书遵循系列教材设计的"理论+实务/技术/工具+实训系统+实训案例"的逻辑展现形式，将晦涩难懂的人力资源规划工作直接地、形象地、具体地呈现在学生面前，将隐藏于理论中的人力资源规划工作逻辑通过层层衔接的实训环节动态地展示给学生。通过"读中学，干中学"，将理论学习转化为实践技能，再通过师生共同解决实践过程中遇到的问题进一步深化理论知识。真正做到"教学相长"，实现高质量的教学目标。

本书特色如下：

(1) 模拟企业人力资源规划工作流程并量化实施。从人力资源信息收集开始到人力资源费用预算，每章设计一节实训环节，利用实训系统将浮于表面的理论知识下沉于实践。实训环节将人力资源规划中的各种活动对于企业经营的影响进行量化，让学生清晰地感受人力资源活动规划在企业经营中的重要性。实训环节内容翔实，通过图表、视频、案例、工作实况等多种形式满足学生的学习需求。实训课程可安排2~8学时。

(2) 尽量创设学习情景。教材的每个章节都有相应的情景导入案例，以及课后的延伸学习案例，强化学生职业基本技能的训练和职业素养的培养。

(3) 整合教学内容，设计综合实训章节。依据学生学习的特点，对分散在教材各个章节的相对零散的理论知识和实训操作进行整合，形成独立的学习单元，帮助学生对人力资源规划的整体工作流程有系统性的认识和理解。

本书由赵爽、蒋定福任主编，卢小君任副主编，张伊和叶梦颖也参加了本书的编写，分担了大量的基础性工作。同时，本书的出版也得到了有关学者、院校领导，以及清华大学出版社编校人员的大力支持，在此深表感谢！在编写过程中，本书编者参考和借鉴了国内外专家、学者、企业家和研究机构的著作、期刊及相关网站资料，在此对他们表示诚挚的谢意！

为便于教学,本书提供学习软件、PPT 课件、案例等教学资源,读者可通过扫描下方二维码获取。

教学资源下载

人力资源规划实践教学还在探索中。由于时间仓促,加之编者水平有限,书中不足之处在所难免,敬请各位专家、同行、读者提出宝贵意见,以便不断修正和完善。

编 者

2023 年 1 月

目录

第1章 人力资源规划概述…………………1
  1.1 人力资源规划的概念……………… 2
  1.2 人力资源规划的内容……………… 3
    1.2.1 人力资源总体规划…………… 3
    1.2.2 各项业务计划………………… 4
  1.3 人力资源规划的步骤……………… 4

第2章 人力资源信息收集…………………7
  2.1 人力资源信息收集的内涵………… 7
  2.2 人力资源信息收集的分类………… 8
  2.3 人力资源信息收集的方法………… 9
  2.4 人力资源信息的处理………………11
  2.5 人力资源信息收集实训……………12

第3章 人力资源现状分析…………………17
  3.1 环境分析……………………………18
    3.1.1 人力资源外部环境分析………18
    3.1.2 人力资源内部环境分析………21
  3.2 队伍分析……………………………22
  3.3 管理分析……………………………24
  3.4 人力资源现状分析实训……………25
    3.4.1 环境分析………………………26
    3.4.2 队伍分析………………………28
    3.4.3 管理分析………………………30

第4章 人力资源战略规划…………………35
  4.1 人力资源战略规划的内容…………36
  4.2 人力资源战略规划的步骤…………37
  4.3 人力资源战略规划实训……………39
    4.3.1 战略规划的内容………………39
    4.3.2 战略规划流程…………………41

第5章 组织结构设计与变更………………51
  5.1 组织结构类型………………………52
  5.2 设计组织结构………………………54
    5.2.1 组织结构设计的主要内容……54
    5.2.2 组织结构设计的流程…………55
  5.3 组织结构变革………………………55
    5.3.1 组织变革的表现及征兆………56
    5.3.2 组织结构变革的策略…………56
  5.4 组织结构设计与变更实训…………57
    5.4.1 组织结构类型…………………58
    5.4.2 组织结构设计流程……………64
    5.4.3 组织变革………………………67

第6章 "四定"管理…………………………77
  6.1 定岗…………………………………78
    6.1.1 组织分析法……………………78
    6.1.2 关键使命法……………………79
    6.1.3 流程优化法……………………80
    6.1.4 标杆对照法……………………81
    6.1.5 岗位职责说明书………………82
  6.2 定编…………………………………83
    6.2.1 劳动效率定编法………………83

	6.2.2	行业比较分析法……………84
	6.2.3	预算控制法………………84
6.3	定额…………………………85
	6.3.1	经验估算法………………86
	6.3.2	技术测定法………………86
	6.3.3	回归分析法………………86
6.4	定员…………………………87
	6.4.1	传统定员方法……………87
	6.4.2	新型定员方法……………88
6.5	实战训练——"四定"管理 实训……………………91
	6.5.1	定岗………………………91
	6.5.2	定编………………………96
	6.5.3	定额………………………97
	6.5.4	定员………………………98

第7章 人力资源预测……………105

7.1	人力资源需求预测……………106
	7.1.1 定量分析………………106
	7.1.2 定性分析………………107
7.2	人力资源供给预测……………108
	7.2.1 内部供给预测……………108
	7.2.2 外部供给预测……………109
7.3	人力资源需求与供给的 平衡分析……………………110
	7.3.1 供需平衡………………110
	7.3.2 总量平衡，结构不合理…111
	7.3.3 供不应求………………111
	7.3.4 供大于求………………112
7.4	人力资源预测实训……………113
	7.4.1 需求预测………………114
	7.4.2 供给预测………………123
	7.4.3 供需平衡………………129

第8章 人力资源管理计划……………133

8.1	人力资源招聘计划……………134
8.2	人力资源调岗计划……………138
	8.2.1 员工职位调整……………138

	8.2.2	调岗计划的操作流程………139
8.3	人力资源缩减计划……………140
8.4	人力资源外包计划……………141
	8.4.1	外包的内容及方式选择……141
	8.4.2	外包的运作流程……………142
8.5	人力资源管理计划实训………142
	8.5.1	招聘计划………………143
	8.5.2	调岗计划………………145
	8.5.3	缩减计划………………146
	8.5.4	外包计划………………148

第9章 人力资源开发计划……………151

9.1	人力资源晋升计划……………152
	9.1.1 晋升方式………………152
	9.1.2 影响晋升的因素…………153
9.2	人力资源培训计划……………154
	9.2.1 培训计划的意义…………154
	9.2.2 制订培训计划的程序……155
9.3	人力资源激励计划……………156
	9.3.1 激励理论………………157
	9.3.2 激励方式………………158
9.4	人力资源职业生涯计划…………158
9.5	人力资源开发计划实训………159
	9.5.1 晋升计划………………159
	9.5.2 培训计划………………162
	9.5.3 激励计划………………163
	9.5.4 职业生涯计划……………165

第10章 人力资源费用预算……………171

10.1	人力资源费用预算的内容……172
10.2	人力资源费用预算的审核……176
10.3	人力资源费用预算实训………177

第11章 人力资源规划综合实训………181

11.1	人力资源盘点…………………181
	11.1.1 人力资源盘点的内容……181
	11.1.2 设计人力资源盘点表……182
	11.1.3 人员盘点………………184

- 11.2 需求预测 ……………………………… 186
  - 11.2.1 选择需求预测方法 …………… 187
  - 11.2.2 预测需求人数 ………………… 187
- 11.3 供给预测 ……………………………… 189
  - 11.3.1 选择供给预测方法 …………… 189
  - 11.3.2 预测供给人数 ………………… 190
- 11.4 人力资源净需求 ……………………… 191
- 11.5 编制人力资源规划 …………………… 191
  - 11.5.1 招聘计划 ………………………… 191
  - 11.5.2 培训计划 ………………………… 192
  - 11.5.3 晋升计划 ………………………… 193
  - 11.5.4 调岗计划 ………………………… 194
  - 11.5.5 激励计划 ………………………… 194
- 11.6 费用预算 ……………………………… 196
- 11.7 风险控制 ……………………………… 197

附录 上通电信设备有限公司人力资源规划案例 ……………………………… 199
  - 一、企业基本情况 ……………………… 199
  - 二、市场环境 …………………………… 200
  - 三、战略规划 …………………………… 201
  - 四、组织结构 …………………………… 202
  - 五、人力资源现状分析 ………………… 202
  - 六、费用规划 …………………………… 204

第1章

人力资源规划概述

📖 课前导读案例

❧ 波音公司的人力资源规划和管理[1] ❦

波音公司股票价格在2017年累计上涨约89%,成为道琼斯工业股市上涨最多的一只股票。波音公司在2017年交付了763架喷气式客机,净订单912架飞机,订单和交付量均创历史新高。

波音公司的成功最终可归功于对人力资源的规划和管理。良好的人力资源规划有助于吸纳人才,拥有较好的人力资源至少使企业成功了一半。

波音公司人力资源规划和管理有哪些特色呢?

第一,招聘。波音公司一般通过两轮面试做出聘用决定。候选人进入波音公司网站,可看到公司的最新招聘职位。候选人申请职位后,通过简历筛选,在电话面试通过后,由人事部门邀请候选人进入正式结构化面试环节。波音公司业务可分为三块:民用飞机,防务、空间和安全部门,全球服务部门。根据不同部门的专业需求对候选人进行结构化面试,一般通过后即可入职。

第二,福利制度。如丰厚的带薪年假和各种带薪假期、为员工提供保险与企业年金福利、帮助员工深造或进行培训。波音公司为员工提供较好的职业发展平台以吸引人才。

第三,实习岗位。每年夏季,波音公司会提供部分实习岗位,实习者通过一两个月的实习可更好地了解航空业与波音公司,以及波音公司对所需技能或专业知识的要求。同时公司也可为自身人才储备做好准备。

第四,绩效考核。例如,对生产部门的考核,评估小组由产品部、生产预算部、采购部、质量监控部等成员组成，围绕生产环节每月进行两次评估，分别对考核优秀、为企业节约成本以及提出积极建议并被采纳的员工给予奖励。

第五，教育培训。波音公司致力于培养世界最好的工程师，要求工程师有良好的工程学基础，较好的设计与制造工艺技术，较好的沟通技巧，重视团队合作，除英语外还需掌握一门外语。波音公司每年花费一定的资金支持员工再教育，并且要求员工将工资总额的一部分用于教育与培训。除此之外，公司还为员工提供各种培训项目、个性化培训等。

第六，帮助员工规划并实现职业目标。公司每年在工程、人力、商务等部门提供岗位给员工参加轮岗计划。在人才奖励计划中，波音公司根据贡献的认可度对人才进行奖励，设立有共享价值信任奖、员工激励计划、青年人才技术创新选择权等多种奖励方式，设立技术创新基金，鼓励员工进行创新，促进人才脱颖而出。

思考

波音公司的人力资源规划有什么特点？这些特点如何促进了波音公司的发展？

1.1 人力资源规划的概念

国内关于人力资源规划概念的论述有多种，总体来看有以下几种说法[2]。

(1) 人力资源规划是企业为完成生产发展目标，根据企业内外部环境的变化，运用科学的方法对人力资源的供需进行预测，制定相应的政策和措施，从而使人力资源供需达到平衡[3]的过程。

(2) 人力资源规划是管理者为确保在必要的时候，为适当的职位配备相应的工作人员，并使其完成促进组织实现总体目标的任务的一个过程。

(3) 人力资源规划是将企业战略目标转化成对人力资源的需求，通过对人力资源管理体系的构建和实施，有效达成人力供需平衡的过程。

(4) 人力资源规划是企业为确保战略目标的实现，对人力资源的供需和缺口进行分析，并制定吸纳和激励人力资源政策的措施的过程。

(5) 人力资源规划是一种战略规划，注重为企业的生产经营活动提前储备资源，系统地分析在不断变化的条件下企业对人力资源的需求，并制定出与企业效益相适应的人力资源政策的过程。

从狭义上来讲，人力资源规划就是企业依据发展目标和战略规划、根据自身发展情况的变化，对人力资源进行供需预测，实质上它是企业各类人员需求的补充规划。从广义上来讲，人力资源规划指的是企业战略规划与战术计划的统一。

人力资源规划应以企业发展目标为指导方向，制定与之对应的人力资源规划战略，开展人力资源规划工作。人力资源规划应结合行业内外部的市场环境，企业自身现有人力资源基础的优缺点，评估预测企业所需人才的数量和质量，确保人力资源供需平衡，制定切实可行的人力资源规划方案，从而保证企业长期可持续发展。

1.2　人力资源规划的内容

1.2.1　人力资源总体规划

人力资源总体规划是指有关计划期内人力资源开发利用的总目标、政策、实施步骤，以及预算的安排。

1. 人力资源总体规划的组成

(1) 岗位职务计划。它主要是依据企业的目标、劳动生产率、技术设备工艺要求等状况来明确相应的组织机构、岗位职务标准，并进行定员定编，确定人力资源的数量规模。

(2) 人员补充计划。它是指在中长期内能使岗位职务空缺从质量和数量上得到合理补充的计划。它对企业人员的资历、年龄等方面进行了规定。

(3) 人力资源开发规划。它是指依据企业发展的需要，确定各种措施和途径，为企业物色、引进和造就当前及未来所需要的各级各类合格劳动力和优秀管理人员。

(4) 人员分配规划。它是指依据企业各级组织机构、职务的分工差异来配置所需的人员。

2. 制定与实施人力资源总体规划的主要工作内容

(1) 收集信息。主要包括：①外部环境信息；②企业内部信息。

(2) 人力资源需求预测。主要包括：①短期预测和长期预测；②总量预测和各个岗位需求预测。

(3) 人力资源供给预测。主要包括：①内部供给预测；②外部供给预测。

(4) 所需要的项目规划与实施。主要包括：①增加或减少劳动力规模；②改变技术组合；③开展管理职位的接续计划；④实施员工职业生涯计划。

(5) 人力资源规划过程的反馈。主要包括：①规划是否精确；②实施的项目是否达到要求。

1.2.2 各项业务计划

人力资源总体规划包含的具体业务计划主要有人员配置与补充规划、教育与培训规划、绩效与薪酬奖励规划、人员流动规划、人员晋升规划、员工职业生涯规划、劳动组织规划、劳动卫生与安全规划、员工援助规划等[3]。

(1) 配置与补充规划的目的是优化人力资源结构，满足企业人力资源需求，改善人员素质结构及绩效，合理填补企业的岗位空缺。

(2) 教育与培训规划是指通过拟定培训项目，提高企业员工的文化素质和能力，转变员工的工作态度和作风。

(3) 绩效激励规划的目的是提高员工与组织的绩效，增强组织凝聚力。薪酬激励规划的目的是确保未来的人工成本不超过合理的支付限度，并建立一套具有激励力的薪酬体系，从而调动员工积极性。

(4) 人员流动规划有利于协调员工关系，增进员工沟通，也有利于降低劳务成本，提高工作效率。

(5) 人员晋升规划是企业根据组织需要和人员分布，制定员工的提升方案，使企业组织获得更大的利益。

(6) 员工职业生涯规划是对员工自身的职业发展做出的具体规划，有利于减少核心人才的流失。

(7) 劳动组织规划主要是处理劳动纠纷，解决员工矛盾，以建立和谐的员工关系。

(8) 劳动卫生与安全规划主要是防止劳动安全事故的发生，确保劳动者的健康和安全。

(9) 员工援助规划主要是使员工从复杂的个人问题中脱离出来，为其减轻压力、维护其心理健康。

1.3 人力资源规划的步骤

人力资源规划主要分为以下几个步骤。

1. 企业战略规划分析

企业在正式制定人力资源规划时，必须明确企业的整体战略规划，并从职能部门获取如下关键数据：战略目标数据、组织结构的更新、财务目标数据、营销规划数据、生产规划数据、新项目规划的数据，以及其他可能涉及人员变动的各项数据。在这些数据的基础上，人力资源部才能够明确企业的整体经营规模和需求。

2. 人力资源现状分析

人力资源现状分析可以得出的结果包括：现有员工的基本状况、员工整体的知识和经验水平、具备高潜力的员工数量、员工的发展需求、员工总体绩效水平、管理层的绩效水平与空缺情况、过去一年的员工流动率、高绩效/高潜力员工的流失率，以及企业人力资源结构的现状等。

3. 制订人力资源配置计划

制订人员配置计划需要结合组织当前发展规划及人力资源现状。人员配置计划阐述了具体职位的人员数量、职务变动、空缺职位的补充办法等。

4. 人力资源需求预测

根据企业战略规划、人力资源现状分析及人员配置计划的结果，对企业今后发展的人力资源需求做出预测。人员需求中应阐明需求的职务名称、人员数量、希望到岗时间等。同时还要形成一个标有员工数量、招聘成本、技能要求、工作类别，以及为了完成组织目标所需的详细列表。

5. 人力资源外部供给预测

人力资源外部供给预测的具体内容包括企业所处地区人口总量与人力资源比率、人力资源总体构成、劳动力的择业心态与模式、地理位置对外来地区人才的吸引力、同行业对劳动力的需求等。

6. 确定人力资源供给计划

人力资源供给计划是企业对人员的需求计划，主要内容为阐述企业人员供给的方式，包括外部招聘及内部招聘等，还要明确人员内部、外部流动政策等。

7. 制订人力资源开发和调整计划

根据人力资源供给计划的结果，制订人力资源的发展和调整计划，计划中应明确计划期内人力资源政策的调整原因、步骤和范围等。

8. 风险分析及对策

企业在人力资源管理中会遇到阻碍企业发展的困难和问题，这对人力资源规划产生了较大冲击。因此需要分析一系列的潜在风险并予以防范。

简答题

1. 简述人力资源规划对实现企业战略和人力资源战略的价值和意义。
2. 试述人力资源规划的步骤。
3. 人力资源规划的各项业务的计划是什么？
4. 企业员工在企业人力资源规划制定过程中应发挥何种作用？

案例分析

某外贸服装企业在21世纪初期获得了快速的发展，企业生产的服装在美国和欧洲有着非常固定的买家，因此企业在其黄金发展期建了不少厂房，全职员工数量更是达到了2000余人。

自2008年起，该企业的海外订单数量开始急剧下降。2010年起，该企业不得不清理过剩的产能，并且着手于精简机构和适量裁员。2012年起，该企业开始大力发展内销业务，在天猫、京东等大型网上商城平台均建立了网上直销店铺，并注册了两个品牌，试图在国内寻找合适的经销商予以推广。

最近几年间，该企业的人力资源负责人既需要清理过去外销业务的冗员，又需要吸纳一些关键人才开拓内销业务，为此常常感到困扰。如何作出裁员数量的决定，该保留多少员工，如何设计新的组织结构，如何进行关键岗位的人员配置等，这些问题都令该企业的人力资源负责人感到棘手。

问题

1. 该企业的人力资源规划应该遵循怎样的流程？
2. 这家企业的人力资源负责人开展人力资源规划试图达到的关键目标是什么？

参考文献

[1] 龚蕾. 波音公司人力资源管理特色[EB/OL]. http://www.chinahrd.net/blog/402/1128387/401198.html.

[2] 赵永乐，李海东，张新凌，姜农娟. 人力资源规划[M]. 北京：电子工业出版社，2010.

[3] 王挺. 人力资源规划[M]. 北京：中国电力出版社，2014.

第 2 章
人力资源信息收集

课前导读案例

　　人力资源信息化是基于互联网的高度自动化的人力资源管理的一种低成本、操作简易的系统。同时，数字化人力资源是人力资源信息化管理的特征，数字化技术的出现，极大地促进了信息技术的发展。随着信息技术的不断发展，信息化将越来越多地呈现出数字化特征，数字化人力资源将很快代替手工、纸质文档化的管理模式。2016年数字化转型支持的总体行业增加值占到中国GDP的13%，达到1.5万亿美元，大约是中国总体ICT市场总量的3.6倍。预计到2020年，这一数字将达到2.8万亿美元，占中国GDP总量的近20%，从事和服务于他们的人力资源行业也将迎来暴增，倾向数字化、智能化、个性化、快速化。如何构建一个数字化的人力资本管理服务平台去满足新兴产业的爆发式增长需求，成了很多高科技服务商的思考方向。如何面对日渐复杂的人力资源管理信息，怎样对信息进行科学的收集和整理就显得尤为重要[1]。

思考

如何看待人力资源信息化的发展趋势？未来的人力资源管理应该怎样进行？

2.1　人力资源信息收集的内涵

　　信息并不是一个时髦的用语，但凡要做好一件事情，必须了解有关这件事情的相关情况，这就是在进行信息收集工作[2]。

人力资源原始信息是指信息直接来源于人力资源的现实活动，该类型的信息没有经过任何处理，是人力资源现状客观、真实的反映。

处理人力资源信息是指对人力资源原始信息经过加工处理以后的信息，通常将此类信息按照处理的次数，分成一次处理信息、二次处理信息等。由于原始信息中所包含的信息量大而复杂，往往很难从原始信息中得到管理决策所需要的信息，因此需要对原始信息进行具体的处理。人力资源信息在经过处理以后，信息表达更加明确，更加反映了人力资源的本质，也就更加容易被管理人员理解和应用。但是应该注意，在处理信息的过程中必然要舍弃一些信息处理人员认为是"粗"的、带"偶然"性的内容。这一舍弃是否恰当，通常需要进行之后的验证。因此，对处理信息的应用必须持谨慎态度，尤其要关注在处理信息时所采用的处理方法和适用条件。

2.2 人力资源信息收集的分类

收集人力资源信息是指大量分散的人力资源信息，由专业人员有意识地搜集和整理。人力资源信息收集按照以下标准进行划分。

1. 按人力资源信息的来源划分

按来源划分，人力资源信息可以分为内部信息和外部信息。内部信息主要是从企业内部获得，主要包括企业发展战略、经营计划和人力资源现状。例如，员工的行业经验、培训情况、健康状况等都是重要的内部信息。企业外部信息包括宏观经济形势、行业经济形势、技术发展趋势和政府管制情况等。

2. 按人力资源信息的获取途径划分

按获取的途径划分，人力资源信息可以分为原始信息和处理信息。原始信息来源于人力资源现状和管理活动的信息，未经过人为加工与提炼，往往难以被直接使用。需要通过去伪存真、去繁存简的加工，将原始信息分成一次处理信息、二次处理信息等。对原始信息的加工与处理，需要先建立严肃认真的处理原则，并辅助科学的信息处理方法为指导。但在信息处理过程中，必须要舍弃一些粗糙的、不受重视或没有价值的内容。这一舍弃是否恰当，往往需要进行再次验证[3]。

3. 按人力资源信息的用途划分

按功能划分，人力资源信息可以分成"人""事""管理过程"三个方面的信息。"人"的信息用来描述个体或群体特征，这些信息内容综合表述了个体和群体所具有的工作能力、学历水平等结构的优化。"事"的信息用来描述组织工作的性质和特点，如职岗所属的类别、职位规范以及职位分类状况等。"管理过程"的信息是在人力资源管理的实践中产生的人力资源信息，既包括人员变动的态势、职岗变化的情况，还包括组织据此形成的人力资源管理计划、政策法规等，以及与人力资源管理密切相关的环境信息[4]。

2.3 人力资源信息收集的方法

用科学的方法去收集人力资源信息非常重要。信息收集的方法有很多，在收集人力资源信息时可以根据具体的情况选择采用。

1. 普查法

普查法是指通过书面或口头回答等调查方式，对全部调查对象进行调查的方法。这种方法主要用于希望获取企业人力资源的全面信息时。如果被调查企业较小，就可以直接从被调查对象和日常人力资源管理统计资料中获取。如果单位较大，就需要建立统一的调查机构，制定周密的调查方案。由于人力资源信息普查法可以根据人力资源规划的需要设计调查项目，因此对所需要人力资源信息的了解更加全面、详细，这对进行科学的人力资源规划十分有利。但是这种方法由于工作量大、对时间的要求高，在缺乏人力资源管理信息系统支持的情况下不宜经常采用。

2. 重点调查法

重点调查法是指在总体调查单位中选择一部分重点单位进行调查的方法。其特点是所选择的调查对象能够代表调查总体单位的特性。如果人力资源规划对象在某些部门较为集中，或者某类人力资源是本次人力资源规划的重点，就可以对人力资源信息采用重点调查方法。即对人力资源规划对象集中的部门或规划中的重点人力资源进行相关信息的收集，以降低采用全面普查所需要的高额信息收集费用。在进行重点调查时要确定哪些部门、哪些人力资源是重点调查部门、重点调查对象。所谓重点部门，是指在企业的人力资源规划中地位高、影响力大的部门。重点部门中的调查项目指标在规划中所占比例较大，足以反映企业总体状况。例如，某企业需要制定销售人员的发展规划，企业下属部门和单位共有 35 个，其中的销售人员共有 750 人，但是其中影响最大的部门和单位只有 5 个,共有销售人员 589 人,占全部销售人员的 78.5%。因此只要做好对这 5 个部门和单位的销售人员的重点调查,就可以获取足以反映该企业销售人员状况的基本信息。

3. 典型调查法

典型调查法是指对研究总体中具有代表性的对象进行调查,以达到了解总体本质特征的方法。由于该调查方法花费人力及物力少、收效快,获取信息详细可靠,是一种经常采用的调查方法。典型调查法的应用主要是为了对需要了解的问题进行深入具体的分析,以弥补普查法和统计报表调查法中的信息量不足,或用于对总体指标数值的推断。在利用典型数据对总体指标数据进行推断时,要注意典型对象与非典型对象之间的差异以及推断的误差。这就需要选择好典型调查部门或单位,保证典型调查部门的代表性。如果是对一般情况做了解,就可以选择中间状况部门为调查部门。如果要了解一些新情况新问题,就需要选择容易发生新情况和新问题的部门进行调查。如果要了解某些成功或失败的信息,就应该对那些成功或失败的部门进行调查。如果调查部门之间差异较大,就需要先对部门分类,再选择典型调查部门。典型调查的目的是要从调查部门中找出典型的特征,以说明其他同类型部门的变化情况和规律,以揭示各种人力资源总体现象的内在矛盾,找出解决问题的关键所在。

4. 抽样调查法

抽样调查法是指按照随机抽样方法在调查对象中抽取部分调查对象进行调查,以此来推论总体状况。抽样调查建立在概率论和数理统计的理论基础之上,采取了随机抽取样本的方法,因此排除了人为主观因素的干扰,并通过对样本数量的控制来控制抽样调查的误差。要使抽样调查保持这些优点,就需要在调查中按照随机抽取样本的原则进行。通常采用的随机抽样方法有差距抽样、类型抽样等。

5. 统计报表调查法

统计报表调查方法主要是利用企业人力资源统计报表来收集人力资源信息。目前国内大多数企业都按照国家统计部门和主管部门的要求建立了较为完整的人力资源统计体系,按照统一的格式、指标和内容填写并上报有关人力资源统计信息。此外,有的企业为了内部管理需要,还建立了用于内部管理的人力资源统计体系。不管是哪种统计体系,都由原始记录、台账和核算体系组成。在应用统计报表调查法进行人力资源信息调查时一定要注意统计资料的真实性、完整性和准确性。统计调查方法只能用于已经建立、健全了各种原始记录、台账和完整核算体系的企业。

2.4　人力资源信息的处理

收集到所需要的人力资源信息以后，就要根据企业人力资源规划的任务和目的，对大量的、繁杂的人力资源信息进行分类和汇总，以理清头绪，找出人力资源发展的内在规律和本质，并根据需要对其进行再加工，使其内在的人力资源发展规律能够显露出来，使人力资源信息真正成为人力资源规划的信息分析资料，这一个过程就是人力资源信息的处理过程。

人力资源信息的处理，指的是根据人力资源规划的任务和目的，将通过人力资源调查所取得的原始数据进行分类和汇总以及再加工，使之成为人力资源评价指标数据的过程。

1. 人力资源信息处理的过程

企业人力资源信息的分析过程，大致可以采取这样几个步骤：

(1) 审核。首先对原始人力资源信息进行审核，并对所发现的问题进行补救。

(2) 汇总计算。对审核后的信息进行初步分组、汇总计算，形成初步的人力资源规划资料。

(3) 再次审核分析。对初步汇总信息再次分析，从中发现与现实不相符合的信息，并对其再次补救。

(4) 形成可分析信息资料。在确认人力资源信息的可靠性后，形成可供分析的人力资源信息资料，这些资料主要以简明扼要的文字、表格、图形和数据形式表示。

(5) 综合分析。对人力资源信息资料从各种角度，用各种方法进行综合的内在规律分析。

(6) 建立规划所需的分析资料。依据信息收集、汇总和分析的结果建立人力资源规划所需要的各种人力资源信息分析资料。这些信息分析资料主要有总量信息、结构信息和发展趋势信息等。

2. 人力资源信息分析报告

人力资源信息分析资料是对企业相关人力资源信息分析的结果，因其通常以分析报告的形式出现，一般也被称为人力资源信息分析报告。人力资源信息分析报告对人力资源现象的内在联系和发展规律进行了高度概括，是人力资源规划的重要依据。

一份人力资源信息分析报告，在结构框架上一般包括四部分内容。首先要明确提出所要分析的问题，其次要有分析问题的过程，再次要有分析结论，最后要提出相应的对策措施。在具体书写分析报告的时候，需要注意如下五个方面的问题。

(1) 主题要突出。人力资源信息分析报告要围绕主题来确定整个报告的结构和脉络。

(2) 论点和论据要一致。人力资源信息分析报告既要有明确的论点，又要有可靠的论据作为支撑。

(3) 定性分析和定量分析相结合。性质和数量是各种人力资源现象的两方面，在对人力资源信息进行分析的时候，二者缺一不可。在定性分析中要善于应用例证，在定量分析中要用好各种人力资源数据。

(4) 分析推理要具有逻辑性。分析报告中思路要清楚，方法要科学，判断要有理有据。

(5) 文字要简练，语言要通俗。人力资源信息分析报告的文字要简练，语言要通俗。

2.5 人力资源信息收集实训

1. 系统登录

在浏览器中输入学校服务器名称或 IP 地址，按 Enter 键进入"人力资源规划专业技能实训系统"的登录界面，学生在登录界面输入账号和密码，"角色"中选择"学生"，登录学生端口，如图 2-1 所示。

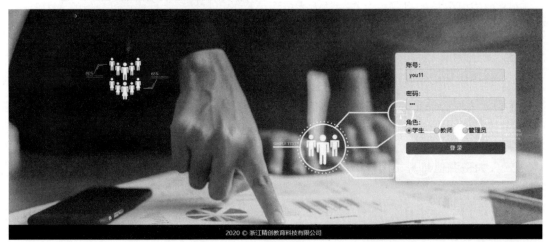

图2-1　系统登录

2. 实训操作

进入系统后，在左侧菜单栏单击"人力资源信息收集"，如图 2-2 所示。在人力资源信息收集中，一共包括两类内容，一部分是理论概念，另一部分是实训内容。

图2-2　收集人力资源信息

学生首先了解关于人力资源信息收集的相关概念、分类以及方法，从定义上讲，人力资源信息是指与人力资源本体和各项人力资源管理工作相关的信息，是人力资源队伍及其管理活动本质特征和运动规律的表现和记录。

再看一下人力资源信息的分类，按照信息的来源，可以分为内部信息和外部信息；按人力资源信息的获取途径，可以分成原始信息和处理信息；按人力资源信息的用途，可以分成基本信息和分析信息；按人力资源信息的表示方式，可以分成定量信息和定性信息。

而信息收集的方式有普查法、重点调查法、典型调查法和抽样调查法。

学生全部了解以上内容之后，开始实训内容：案例公司拟对企业员工进行培训，在制订培训计划前需要收集相关信息，请根据上述学习内容填写案例公司人力资源信息收集表，如图2-3所示。

图2-3　实训界面

首先是第一个问题：信息收集的目的。上通企业收集信息主要是为了了解培训需求，将公司现有的员工、薪酬等相关信息收集起来，充分了解员工关于培训的需求，也是为了帮助公司设计安排出合理的培训计划提供信息的来源。故学生在对应的问题空格栏框内填写：通过对员工相关信息的收集，了解并分析员工的培训需求，为公司制订合理的培训计划提供信息来源，如图 2-4 所示。

图2-4　信息收集的目的

在搜索人力资源的相关信息时，公司需要派出一定的人手来进行这项工作。一般从企业中派出进行人力资源相关信息搜索的应该是人力资源管理部门的相关人员，因为在这一方面，人力资源部门人员是整个公司中较为熟练有经验的人员。故学生在对应的问题空格栏框内填写：人力资源管理部门相关人员，如图 2-5 所示。

图2-5　信息收集小组

在上通公司确定了信息收集的目的和信息收集的人员之后，就要指定信息收集活动中要收集的内容。为了保证公司对员工进行培训的计划的信息来源，培训的对象、市场上员工的水平、公司战略目标的实现程度、培训的需求、员工对培训的态度、培训的费用等对于公司来说都是应该收集的内容。首先，培训对象代表了此次公司培训的主体；市场上员工的水平是一个用来参考的指标，帮助公司制订培训计划；公司战略目标的实现程度代表了公司对于员工的需求，人力资源战略是从属于公司总体战略的；公司拟定的培训计划是可以参考培训需求的；而员工对于培训的态度以及培训的费用将是这次推行培训计划的阻力，若是员工对于培训的态度不够友好，或是培训的费用较高，无疑对培训的实施形成较大的压力。在结束以上分析后，学生将以上内容填写在对应的空格栏框中，如图 2-6 所示。

图2-6　信息收集的内容

最后，采取的收集方法应该以普查法和重点调查法为主，对于部分内容，如此次培训的对象、公司战略目标的实现程度、培训的费用，甚至是培训的需求以及员工对培训的态度都可以使用普查法；而对于市场上同类行业员工的水平，应当使用重点调查法。普查法的优势在于其全面性，而对于一些耗费成本极高的信息收集内容，使用普查法就有些得不偿失了。这个时候使用重点调查法，选择一些比较有代表性的样本进行调查，虽然其效益以及全面性不如普查法，但在满足经济性的前提下，还是有一定的效益的。故学生应该在空格栏框中填写普查法和重点调查法，如图2-7所示。

```
收集方法
普查法和重点调查法
```

图2-7　收集方法

完成上述步骤之后，单击"提交"按钮，再单击"解析"按钮，如图2-8所示。通过解析界面，学生可以将上述所填内容与解析相比对，完成本次实训内容。

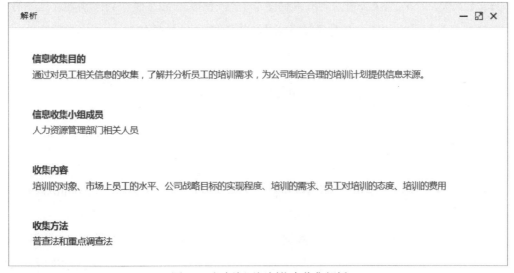

图2-8　人力资源规划信息收集解析

简答题

1. 简述人力资源信息的作用。
2. 简述人力资源信息的处理过程。
3. 简述撰写人力资源信息分析报告应注意的问题。

案例分析

某地产公司成立于20世纪90年代末，是一家以房地产投资为主，集住宅地产、商业地产、建筑工程等于一体的大型现代企业。该公司与国内外著名的城区规划、房地产规划机构合作，相继开发了多个住宅小区与写字楼等精品项目。截止2017年年底，集团累计开发面积超过600万平方米，销售额达200亿元，是中国房地产开发企业500强之一。凭借规范的公司管理制度、强大的人才竞争优势和丰富资源，该公司已经发展成为区域内最具发展前景和市场竞争力的建筑房地产公司。不过该公司在人力资源管理方面存在的一些问题影响了公司的进一步发展。

(1) 人员岗位安排不合理。

该公司内部员工多以销售人员为主，项目开发、营销策划等方面的高素质人才却相对较少；此外高级管理人员通常身兼多重身份，管理范围太广。

(2) 专业技术人员的能力水平较低，缺乏相关的工作经验。

该公司的专业技术人员较少，大部分员工来源于其他行业和领域，知识和经验水平都有待提升。

(3) 人员流动率较大。

行业的特殊性，以及该公司缺乏有效的激励和培训机制，很多员工因此离职，这不得不使人力资源部门进行再次招聘，耗费了较多成本，导致企业绩效较低。

问题

该公司如何通过人力资源规划解决面临的上述问题？

参考文献

[1] 佚名. 数字化人力资源管理[EB/OL]. http://www.hrloo.com/lrz/14243256.html.

[2] 陈京民，韩松. 人力资源规划[M]. 上海：上海交通大学出版社，2006.

[3] 赵永乐，李海东，张新凌，姜农娟. 人力资源规划[M]. 北京：电子工业出版社，2010.

[4] 李清. 价值实现视角下的企业人力资源信息利用研究[D]. 安徽：安徽大学出版社，2013.

第 3 章
人力资源现状分析

📖 课前导读案例

✿ 四名员工饭后午睡被开除？海尔集团给出五点回应 ✿

之前，有社交媒体发布信息称，海尔集团四名员工饭后午睡，被巡查人员拍照后责令一周内办理离职。

事后，海尔集团发表声明对"饭后午睡被开除"事件进行了解释，称这四名工作人员是在工作时间、公开场所睡觉，并非在休息时间午睡，违反了公司的相关规定。

在曝光于社交媒体的消息中，爆料人贴出的"关于中午脱岗睡觉的通报"显示，四名员工被开除的原因是"2019年8月27日午餐后未及时返回工作岗位，在创牌一楼咖啡厅睡觉"。

海尔集团人力资源管理部对此做出回应：

(1) 四名员工于工作时间在公共接待场所睡觉。

(2) 海尔有明确的公司制度和员工行为规范，对工作时间内做与工作无关的事情有详细规定。

(3) 海尔的制度及员工行为规范既符合我国法律法规，又经过海尔集团及各法人公司职代会讨论通过。

(4) 公司制度中规定，11：30—13：00员工可自主安排就餐时间。从董事长到每个员工同一标准，一视同仁。

(5) 上述四位员工的行为，违反海尔员工行为准则，属一级违规，根据公司规范解除劳动合同。

思考

对于上述案例中的事件,你怎么看?

随着经济的发展,为了优化人力资源配置,最大限度地挖掘人力资源潜力,人力资源现状分析成为人力资源管理中至关重要的一步。人力资源现状分析能够清晰地描绘出企业人力资源的存量和结构,分析的信息和结论能够帮助决策者根据企业人才储备量科学地设计人力资源战略。人力资源现状分析包括人力资源结构和人力资源工作状态两部分。组织通过人力资源现状,能够明晰当前人力资源管理工作的状态,发现问题,有效合理地配置人力资源,为人力资源管理后续工作乃至企业整体战略部署打下良好的铺垫。

3.1 环境分析

环境是企业人力资源管理工作的基础。人力资源环境分析是在分析企业内外部环境的基础上,科学配置企业人力资本,最大程度地激发人力资本的能力,以达到构建和巩固企业核心竞争力的目的。

3.1.1 人力资源外部环境分析

一般环境分析和任务环境分析有助于企业明确人力资源的外部环境。间接影响企业人力资源管理工作的因素是一般环境分析。PEST 环境分析法、五力竞争模型和 SWOT 分析都是常用的工具。

1. PEST环境分析法

PEST 环境分析中的 P 即政治(politics),E 即经济(economy),S 即社会(society),T 即技术(technology)[1]。政治环境因素分析有助于为企业人力资源规划战略决策的制定提供依据[2]。政治(包括法律)主要涵盖社会制度、政府的治国理念、发布的方针政策、国家制定的有关法令、法规、雇用法律、政企关系、竞争规范、政治环境等。例如,我国政府颁布的《劳动合同法》侧重于维护劳动者的合法权益,它也被称为劳动者的庇护伞[3]。

经济包括经济制度、经济结构、财政政策、金融政策、自然资源、国民消费水平、商业周期、消费者水平等。随着全球迈入老龄化时代,短缺的劳动年龄人口数量不仅造成劳动力供给不足,还对政府如何规划社会性养老问题提出了巨大的挑战,继而制约经济发展。例如,欧洲是人口老龄化最严重的地区,欧洲劳动力预测表明,如果再不快速引进技术型移民,到 2050

年,欧洲劳动力人数将损失 5 200 万。目前我国企业人力资源管理的整个运作模式也急需改变,以适应老龄化带来的挑战[4]。

社会包括公民的教育程度和水平、人口统计指标、劳动力流动性、社会价值观、职业工作态度、休闲生活、企业家精神、宗教信仰、风俗习惯、环保健康意识、社会福利及安全感等。荷兰心理学家吉尔特·霍夫斯塔德提出了研究民族间文化差异的基础性框架,发现各国在个人主义与集体主义、权力差距、不确定偏好、生活数量与质量方面各国之间有着明显的差异性[5]。

技术包括组织所在国家或地区的技术程度、技术创新政策、技术创新潜力、产业技术转型程度、技术迭代速度、新能源开发与利用、信息技术与学习变革等。随着科学技术发展的日新月异,人们生活、工作和学习的方式都产生了极大的变化。这些新技术也正逐渐应用到人力资源管理领域,极大地提高企业人力资源管理活动的效率和效果。生物识别技术应用在员工考勤管理上,通过独一无二的指纹、视网膜和面部扫描能够有效地锐减员工之间"代打卡"产生的非工作时间工资自负问题。据统计,在美国 2017 年这项技术可以为帮助老板节省大约 3.73 亿美元的损失[6]。此外,大数据与人工智能技术有助于企业对求职者的求职意愿、能力和职场信用等信息进行量化,节省招聘与甄选的成本和时间,同时增强员工的体验。AV 和 VR 技术在员工培训,尤其是入职培训中发挥着重要作用,有助于模拟工作场景让员工身临其境,更好地熟悉企业流程及工作环境。

2. 五力竞争模型

五力竞争模型适用于产业环境中的竞争力分析,即人力资源管理的任务环境分析。产业中有五种相互牵制的力量,它们共同决定了产业的竞争情况。五种力量分别是:①潜在竞争者进入的风险;②产业内现有对手的竞争强度;③购买者讨价还价的力量;④供应商讨价还价的力量;⑤替代品的相似度[7]。

(1) 潜在竞争者进入的风险

潜在竞争对手是指尚未进入本行业却有能力进入并对企业构成威胁的对手。通常来说,与潜在竞争者相比,现有企业拥有绝对的成本优势和学习经验。因此,潜在竞争者要想顺利进入行业,必定要在人才上做足考虑,例如吸引优秀的人才帮助企业优化成本结构,招聘优秀的营销人员,尽快提高产品的口碑和知名度等。

(2) 产业内现有对手的竞争强度

竞争对手指的是产业内互相竞争市场份额的企业。现有产业内部企业数量越多,彼此实力大小越相当,产业竞争越激烈。此外,产业需求水平也影响了竞争程度。消费者需求越多,竞争对抗越趋于缓和;消费者需求减少,竞争对抗会加剧。此时,企业的人力资源管理工作要及时考虑产业内部的竞争情况,适时调整企业人力资源管理战略,顺应行业发展变化,及时补充或者缩减各类人才，提前对专业技术人员进行相应的培训，以应对行业竞争需要。

(3) 购买者讨价还价的力量

产业内的购买者往往具有惊人的影响力。当购买者人数众多或者购买产品数量大、购买的产品重要性对供应商来说很关键，购买者就具备了强大的议价能力，可以左右供应商的定价。此时，人力资源管理工作是否以顾客需求为导向，就显得至关重要。将顾客需求、顾客元素纳入到企业人力资源管理工作中来，如绩效管理中要考虑顾客评价，培训过程中应该考虑顾客需求等。

(4) 供应商讨价还价的力量

生产链中提供原材料、服务和劳动力的组织被称为供应商。供应商的产品越重要，替代品越少；产业对于供应商而言不是重要的顾客；产业内企业的转移成本很高，供应商是进入本产业的威胁者之一。在这些情形下，供应商讨价还价的能力异常强大，往往会增加企业的经营成本。例如，中国每年从澳大利亚采购大量的铁矿石，澳大利亚铁矿石提供商具有绝对的讨价还价能力，会增加中国企业的生产成本。所以，人力资源管理工作要考虑企业经营成本上升情况下，如何进行人力资源管理规划的部署和调整，以确保企业盈利。

(5) 替代品的相似度

替代品是来自其他企业或产业的能够满足顾客类似需求的产品。替代品的存在是一种强大的竞争性威胁。替代品的替代性越强，越容易威胁现有产品。此时，更要了解消费者的特点，将消费者纳入人力资源管理工作，还要了解替代品企业，掌握他们的人力资源管理工作；同时应围绕产品的核心能力招聘、培训人才，制定相应的激励考核措施。

3. SWOT分析

SWOT 分析通过文字性叙述在坐标图中标明企业于优势(S)、劣势(W)、机会(O)和威胁(T)四个象限中的位置，准确把脉企业的内部资源状况与外部环境走势，继而选择与它们匹配的人力资源竞争战略。

再对这些因素进行评估，创建矩阵。具体来说：首先，创建内部环境要素矩阵，通过这个矩阵有效地对企业内部各项优劣势评估。决策者选取行业公认的影响企业成功的关键内在要素，数量为 10~20 个，根据行业标准、从业经验等对每个关键要素的重要性评分，赋予它们权重(按照从 0 到 1 打分，0 最不重要，1 是满分，表示最重要指标)，应注意各个关键内在要素权重之和为1。其次，选取若干企业专家对本企业于各关键内在要素上的表现打分(1~4，4 分是最高得分，表示企业在该项关键要素上做得非常好)。再者，用每个关键内在要素的打分乘以它的权重，得到每个关键内在要素的企业得分。最后，将各项内在关键要素的企业得分加总得到企业的总加权分数。这里有一个判断原则，2.5 是总加权分数的平均数，如果总加权分数大于 2.5，表明企业内部各项要素处于优势地位，反之则为劣势地位。同理，依照上述原理和步骤构建外部环境因素矩阵。

创建内外部环境要素之后,可以画出 SWOT 分析图,继而完成战略选择。制定思路遵循最大限度发挥优势,克服劣势,抓住机遇,化解危机的原则[8]。

3.1.2 人力资源内部环境分析

类似于如鱼得水,人力资源管理活动也脱离不开它所生存的环境。正如好的土壤能够培育茁壮的庄稼,人力资源活动生存的"土壤"越好,人力资源管理活动开展得就越顺利。人力资源管理的内部环境分析包括宏观层面和微观层面。宏观层面是从战略高度进行企业整体战略规划与组织架构;微观层面是指具体地分析人力资源活动领域。有关企业的组织结构将具体在第 5 章中展开分析。

1. 组织战略

组织战略包括公司战略和竞争战略。公司层面战略是决定公司从事或想从事什么业务以及如何从事这些业务。具体包括成长战略、稳定战略和更新战略。竞争战略决定组织如何在每种业务上展开竞争。具体包括低成本、差异化和集中战略。企业战略应与人力资源规划相匹配,见表 3-1。

表3-1 与不同类型企业战略匹配的人力资源规划

	战略		界定	人力资源规划重点
成长战略	一体化战略	前向一体化战略	公司成为自己的经销商,从而可以控制自己的输出	构建与销售体系匹配的文化、组织结构和人力资源体系
		后向一体化战略	公司成为自己的供应商,从而能够控制自己的输入	建立与供应体系相匹配的文化、组织结构和人力资源体系
		横向一体化战略	公司通过与其竞争者联合来实现成长	吸收竞争者的多元文化,构建有效、融合的人力资源体系
	多元化战略	相关多元化战略	公司与处于不同但相关行业中的其他公司联合	着重培养现有人力资源体系对相关技术、市场等领域的支持
		非相关多元化战略	公司与处于不同且不相关行业中的其他公司联合	建立与新业务、新市场相匹配的人力资源体系
稳定战略		-	使组织继续从事当前各种业务的企业战略	稳定现有人力资源系统,突出建设人力资源管理核心能力

(续表)

战略	界定	人力资源规划重点
更新战略	-	管理者需要制定用来解决绩效下滑的战略，包括紧缩战略、扭转战略	收缩人力资源队伍规模，与保留资源相匹配；进行人力资源管理转型

2. 企业文化

企业文化是组织通过持久的实践活动积淀下来的、具有较强稳定性、不易改变的、烙有组织标签的、被组织成员接受认可的理念、价值观、行为准则和方式。每家公司的文化都不尽相同。例如，通用公司常常被描述为是冷静的、正规的、规避风险的代言词，而休利斯—帕卡德公司则是非正规的、松散的、人情味极浓的公司符号，尽管这两家公司的文化截然迥异，但它们都获得了实质性的成功。

3.2 队伍分析

1. 员工数量分析

员工数量分析主要考虑各工作岗位任职的员工数量，需要的任职资格，不同部门人数与总人数的占比。表面上看，很多企业的员工数量一目了然，但实质上现有员工数量未必是企业管理所需的真实体现。员工数量分析更应该遵循科学的方法探求现有员工数量是否与现有工作量匹配。员工数量可以通过回归分析法或者标杆法来确定。

回归分析法，搜集分析企业历史经营和人力资源等方面的相关数据，利用回归分析方法预测未来一定时期内的编制人数。

标杆法，即依据行业内最佳典范和标杆值，统筹企业特点、业务流程、生产、管理效率和业务总量等因素综合确定岗位人数的方法。

2. 员工总体结构分析

主要由三部分构成，管理人员占全体员工的比例、基层人员占公司总量的比例分析，年龄结构分析和学历结构分析。接下来重点介绍后两部分。

(1) 年龄结构分析。

组织成员的年龄结构会影响公司的决策风格和创新风格。一般来说，随着年龄的增长，人们的经验越丰富，知识积累越多，理解能力越强。但年龄增大，容易使得记忆力减退，对新事物、风险接受变慢甚至厌恶，因此，组织成员年龄结构的分布和搭配显得尤为重要。总的来说，通过统计组织中全体成员的年龄分布情况，计算出公司的平均年龄，了解年龄结构，可对成员年龄趋势、工作负荷度、学习能力、岗位是否匹配等关键指标进行判断。

(2) 学历结构分析。

学历结构是员工所获得的学历层次。企业员工学历结构体现员工的受教育水平、教育结构和文化素养，该指标越高说明企业整体员工素质较高，从而对企业的业绩产生重要影响。相对岗位来说，员工学历结构高于岗位能力所需，则不能充分发挥员工能力，激励员工，进一步导致工作效率下降。而学历过低，导致员工的能力无法胜任岗位，也会降低企业整体工作效率。因此，学历结构分析对于定岗定编定员和培训等工作都有重要的意义。

3. 员工费用

员工费用主要是根据岗位支付给员工的费用，如工资、绩效奖金、福利、保险等。员工费用影响企业人力资源成本的规划。具体衡量员工费用的指标包括：

(1) 人工成本占营业收入的比例，该指标反映了公司薪酬福利支出对业务规模扩张的促进性；

(2) 人工成本利润产出倍数指数，该指标反映了人工成本投入的收益性；

(3) 人均营业收入，该指标有效测度员工的生产效率和生产效果；

(4) 人均税前利润，该指标反映了企业控制生产与成本的效率；

(5) 人力资本投资回报率，反映公司利用各种培训对员工进行投资的财务回报情况。

4. 员工技能

员工技能是指企业员工胜任匹配岗位所需的技术专业知识。根据岗位需求分析，判别员工是否具备岗位胜任力，继而筛选出符合岗位要求的最佳人才，同时根据岗位的要求，为员工提供新的培训。通常，企业会对员工技能进行评定。企业员工通过相应职级的技能等级评定后，可以分配到匹配的岗位，并享受直接的技能等级待遇。

5. 员工流动性

招聘、培训员工的成本远远高于提高老员工薪资福利带来的成本。因此，大多数企业都倾向于保持稳定的员工队伍。支付高于行业薪资水平的工资、高福利、良好的工作环境、和谐的上下级关系、充足的晋升空间和培训等手段，都有利于降低员工流动率。当然一定范围内的员工流动率对企业发展是有利的。能够给企业带来新鲜的血液，引入新的技术和管理理念等。因此，监控企业员工流动性非常有必要，一方面可以分析是哪一部分员工流失、找出流失的原因，分析自身人力资源管理中存在的问题；另一方面可以利用员工的流动为企业淘汰懒惰的、低创造价值的员工，以招募更多积极的、有价值的员工。

3.3 管理分析

人力资源管理分析的内容如下：

1. 人力资源管理理念

人力资源管理理念是企业对人力资源管理活动的认识与界定。它的制定体现企业的战略愿景和定位、运营理念、企业文化与价值观和生存法则等。早期资本主义时代，资本家把人当作和机器一样的生产资料，实行"大棒+胡萝卜"的管理政策，对人作为社会人所需要的人际关系、归属感和心理需求等漠不关心，只用钱作为正面激励手段，用惩罚作为负面激励手段。因此资本家与雇员之间关系紧张，人力资源管理活动也只呈现出人事档案管理层面。随着人力资本概念的出现，企业家逐渐认识到人和货币一样也是一种资本，可以能动地创造价值。企业家开始采用更多的人力资源管理活动方式吸收甄选优秀人才，运用各种手段激发人才最大限度地创造价值。人力资源管理活动开始向人本管理方向迈进。

2. 职务分析与设计

职务分析与设计是利用编制职务说明书和职务规范等人事文件的过程，梳理职务的具体内容、职责、权力、在组织中的位置、职务所需的任职资格等信息。继而，员工通过阅读职务说明书能够清晰地明确自己工作的内容与职责范围，保证企业各部门、各岗位、各级员工如同齿轮一样高效协调地分工合作，避免出现职务混乱、职权不分的情况。具体确定每一项工作的6W1H：谁做(who)、做什么(what)、何时做(when)、在哪里做(where)、如何做(how)、为什么做(why)、为谁做(whom)。

3. 组织结构

组织中各部门的排列顺序、空间位置、聚散状态和相互关系的界定就是组织结构，它是组织各类资源配置的总体"框架"。组织结构必须与组织的重大战略调整保持一致。它的设计要考虑分工、部门化、权力链条、管理幅度、集权与分权和正规化这6大因素。

4. 招聘与选拔员工

招聘与选拔员工是企业利用各项甄选工具科学合理地招聘人才的过程。利用内部招聘或外部招聘渠道，选拔出最适合本企业的优秀员工，这是关系每一个企业生存和发展的头等大事。甄选更是该环节中的重要节点，只有设计科学有效的甄选手段，才能帮助企业留住最优秀的应聘者，淘汰"鱼目混珠"的候选人。企业要根据招聘岗位、工作环境、工作技能等要素的特点，科学地选择甄选工具。

5. 培训与开发

培训与开发能帮助员工通过再培训，拓宽自己的职业能力，更好地规划职业生涯，在满足员工利益和提升员工绩效的同时，提升企业绩效，达到员工和企业的双赢。培训能够提升员工的知识存量、技能储备、工作态度和工作绩效，深挖员工的工作潜能，增强人力资源的贡献率。

6. 薪酬管理

薪酬管理是企业的重要激励制度，科学合理的薪酬体系与规范高效的薪酬管理是决定企业能否吸引、保留人才的关键。企业薪酬的吸引力会直接影响员工的努力程度、企业核心员工的流动率等问题。有激励性的薪酬体系会鞭策员工努力实现个人目标和组织目标，反之，则会导致企业留不住人才。

7. 绩效考评

绩效考评是企业对员工一段时间内的工作业绩进行评价和反馈的管理方式。它分析并指出员工在特定时期内工作绩效的优缺点，有助于员工自我测评绩效，也有助于企业评价员工的价值和潜能。通过绩效反馈，帮助员工巩固优势并查缺补漏，提高员工个人绩效，联动组织绩效的提升。常见的绩效考核方法包括 MBO、BSC、KPI、360 度考核等。

3.4 人力资源现状分析实训

人力资源现状分析即对企业现有资源的调查和审核，这一步骤是为人力资源规划做准备的。只有对当前企业内外部环境以及人力资源状况有所了解，才能针对企业内部的问题和漏洞提出新的人力资源计划。

实训系统中呈现的人力资源现状分析有环境分析、队伍分析和管理分析。针对人力资源现状分析中的每一个方面，系统中都给出了相应的实训练习来供学生实践操作，学生应在充分掌握各部分计划的理论知识之后开始实训练习，完成本次实训。

登录系统之后，在左侧任务栏选择"人力资源现状分析"，如图 3-1 所示，单击相应的内容进入实训。

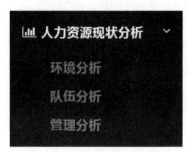

图3-1　人力资源现状分析

3.4.1　环境分析

进入"环境分析"界面，在环境分析的实训系统中，学生将了解环境分析的定义，了解波特的五力模型，并根据系统案例，将对应的内容填入其中，如图 3-2 所示。

图3-2　环境分析

首先，学生需要通读一遍关于人力资源现状分析——环境分析的定义和波特五力模型的相关概念。

人力资源环境分析是指通过企业内外部环境分析，明确企业的竞争优势和劣势、发展机遇和威胁，科学配置企业人力资本，最大程度激发人力资本的能力，达到构建和巩固企业核心竞争力的目的。

波特五力模型由迈克尔·波特(Michael Porter)于20世纪80年代初提出，对企业战略制定产生了全球性的深远影响。它认为行业中存在着决定竞争规模和程度的五种力量，这五种力量综合起来影响着产业的吸引力。它是用来分析企业所在行业竞争特征的一种有效的工具，涉及的五种力量包括新的竞争对手入侵、替代品的威胁、买方议价能力、卖方议价能力、现存竞争者之间的竞争。

其次，实训系统要求学生按照波特五力模型，分析案例企业的人力资源，填写影响企业竞争力的五种力量。上通公司是一家电信设备有限公司，生产和销售电信设备，故其直接的供应商是配件供应商。而上通公司的主流电信产品的主要特点是价格低廉但性价比较高，并且除了在国内市场有一定的地位以外，其75%的销售额在国外市场。故上通公司的购买者是被性价比高的产品所吸引的全球消费者，但这一部分人可能因为人民币的升值而受到影响。从市场上的其他替代品来看，更具创新性的其他电信设备无疑给上通公司带来较大的竞争压力。即使上通公司在科研上投入了大量的资金，也获取了较多的专利，但所谓的原创创新产品为零。而此时，通过合并和并购，电信设备制造产业已经重新洗牌，产业格局发生改变，电信设备制造商集团逐渐形成，上通电信设备有限公司渐渐被边缘化。而这样逐渐形成竞争集团的电信设备制造商，也就是上通公司同行业的竞争者。最后，从系统案例的市场环境中可以看出，国内市场也在同年增长扩大。虽然这带给上通公司更多的消费者需求，但伴随着大量国内消费者上升的同时，也会有大量的公司进入该行业，这些公司会带来较大的竞争压力，这就是上通公司潜在的竞争者了。

在结束对波特五力模型的分析后，学生应将上述内容依次填入波特五力模型对应的空格栏框中，如图3-3所示。

企业的供应商
配件供货商。

企业的购买者
被性价比高的产品所吸引的全球消费者，但可能因为人民币的升值而受到影响。

市场上的替代品
更具创新性的其他电信设备。

行业内的竞争者
逐渐形成竞争集团的电信设备制造商。

图3-3　现状分析实训

单击"提交"按钮后,显示"解析"按钮,单击"解析"按钮即可查看该步骤的解析。

3.4.2 队伍分析

进入系统后,在"人力资源现状分析"下单击"队伍分析",如图 3-4 所示。

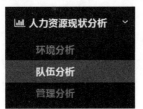

图3-4 选择"队伍分析"选项

在人力资源现状分析——队伍分析中,一共包括两个方面的实训内容,即队伍分析的定义和数据分析。在这一步实训中,要求学生理解队伍分析的相关概念,在数据分析模块中,要求学生阅读案例,操作按钮完成人力资源队伍分析。

首先,从员工数量、结构、费用、技能和流动性(员工招聘、人才流失和冗员淘汰)五方面进行员工队伍分析。其中,员工数量、结构、费用和技能分析代表了企业招聘人才的整体结构,而人才自然流失和冗员淘汰代表了人才流动的方向和趋势,如图 3-5 所示。

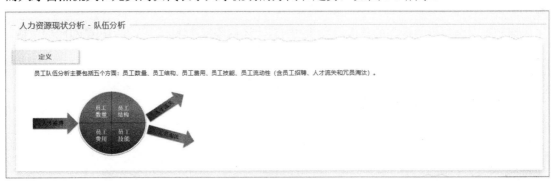

图3-5 队伍分析的定义

在完成对人力资源队伍相关概念的了解后,学生进行实训。阅读案例,操作各按钮完成人力资源队伍分析。该部分的所有内容皆可以在系统案例的人力资源现状分析中找到,综合管理部即人事部管理人员数 26 人,员工人数 30 人,该部门总人数为 56 人;财务部的管理人员数 23 人,员工人数 35 人,该部门总人数为 58 人;生产部的管理人员数 24 人,员工人数 800 人,该部门总人数为 824 人;技术部的管理人员数 27 人,员工人数 300 人,该部门总人数为 327 人;财务部的管理人员数 23 人,员工人数 35 人,该部门总人数为 58

人；销售部的管理人员数25人，员工人数300人，该部门总人数为325人；公司总人数是1 590人。

而在所有公司员工中，研发人员约占员工总数40%，因此上通公司的专业技术人员数为0.4×1 590=636人，与此相对的非专业技术人员有954人。

在上通公司中，0.5%的员工拥有博士研究生学位，41%的员工拥有硕士研究生学位，故上通公司有硕士学位以上的人数为1 590×0.415，约等于660人；本科人数占46.5%，故有本科学历的人数为0.465×1 590，约等于739人；大专及以下占比人数为12%，故有大专及以下的人数为0.12×1 590，约等于191人。

从上通公司员工的年龄结构来看，33.2%的员工年龄为30岁以下，故上通公司30岁以下人数为33.2%×1 590，约等于528人；30~45岁的人数占比为65.3%，故上通公司30~45岁的人数为65.3%×1 590，约等于1 038人；45岁以上的人数占比为1.5%，故上通公司45岁以上的人数为1.5%×1 590，约等于24人。

再从上通公司员工的性别结构上看，男员工一共有890人，女员工一共有670人。

在其他人员分析明细表中，员工费用包括人工成本占营业收入的比例和人工成本利润产出倍数两个指数；员工技能包括人均营业收入、人均税前利润和人力资本投资回报率三个指标；员工流动性包括员工晋升率、员工转岗率和员工离职率三个指标。

从员工费用看，人工成本与营业收入比率是：人工成本/营业收入=500万/30 000万×100%=1.67%；人工成本利润产出倍数是：利润/人工成本=10 000万/500万=20。

从员工技能上看，人均营业收入是：30 000万/1 590=18.87万/人；人均税前利润是：利润总额/人数=10 000万/1 590=6.29万/人；人力资本投资回报率是：[营业收入－(营业成本－人工成本)]/人工成本=[30 000万－(15 000万－500万)]/500万=31。

从员工流动性上看，员工晋升率=晋升人数/员工总人数=78/1 590×100%=4.91%；员工的转岗率=转岗人数/员工总人数=159/1 590×100%=10%；员工离职率=本年度离职人数/(年末在岗人数+本年度离职人数)×100%=63/(63+1 527)×100%=3.96%。

学生应依照上述的分析思路，将得出的结果填写到对应的空格栏之中。填写完成之后，单击"生成图表"，使各自的结构分析生成各自的结构图表，全部生成后，单击下方的"解析"，出现解析页面，如图3-6所示。

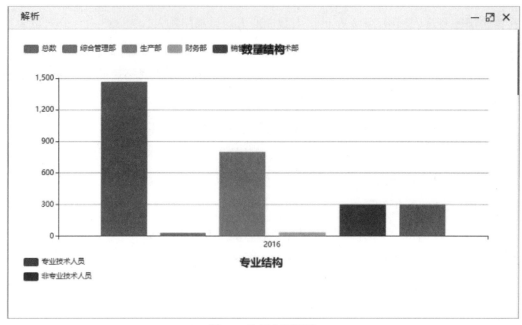

图3-6 队伍分析解析

3.4.3 管理分析

进入系统后,在"人力资源现状分析"下单击"管理分析",如图 3-7 所示,进入管理分析实训页面,开始实训操作。

图3-7 选择"管理分析"选项

首先,学生通读人力资源管理分析的定义,了解相关的概念。人力资源管理分析,是指运用科学方法对企业的人力资源现状进行分析,以协调人与事的关系,处理人与人的矛盾,充分发挥人的潜能,使人尽其才,事得其人,人事相宜,最终更好地实现组织目标的过程。人力资源管理分析主要包括:人力资源管理理念;企业组织结构;工作分析(工作内容、岗位需求);员工培训与开发;员工绩效考核等方面。该界面如图 3-8 所示。

第 3 章 人力资源现状分析

> **定义**
>
> 人力资源管理分析，是指运用科学方法对企业的人力资源现状进行分析，以协调人与事的关系，处理人与人的矛盾，充分发挥人的潜能，使人尽其才，事得其人，人事相宜，最终更好地实现组织目标的过程。
>
> 人力资源管理分析主要包括：
> - 人力资源管理理念
> - 企业组织结构
> - 工作分析（工作内容、岗位需求）
> - 员工培训与开发
> - 员工绩效考核等方面

图3-8 管理分析定义

了解以上内容后，将目光移到下方的实训内容上，如图 3-9 所示。实训内容是根据系统案例，从以下几个方面分析该公司的管理现状：人力资源管理理念；企业组织结构；工作分析(工作内容、岗位需求)；员工培训与开发；员工绩效考核。

> 请根据案例，从以下几个方面分析该公司人力资源管理现状
>
> **人力资源管理理念**
> 请根据人力资源管理理念分析公司人力资源管理现状
>
> **企业组织结构**
> 请根据企业组织结构分析公司人力资源管理现状
>
> **工作分析（工作内容、岗位需求）**
> 请根据工作分析（工作内容、岗位需求）分析公司人力资源管理现状
>
> **员工培训与开发**
> 请根据员工培训与开发分析公司人力资源管理现状
>
> **员工绩效考核**
> 请根据员工绩效考核分析公司人力资源管理现状

图3-9 管理分析实训

首先，从人力资源管理理念上看，请根据人力资源管理理念分析公司的人力资源管理现状。这个问题可以从系统案例看出，上通公司的人力资源管理理念更多地表现为"压榨式"管理：高强度的劳动时间与劳动负荷、非人性化的管理制度、残酷的适者生存法则导致大多数员工筋疲力竭、难以承受，极大地破坏员工工作的积极性和能动性，导致员工的大量流失，破坏了企业员工队伍的稳定性；缺乏人本管理理念和生硬的军事化管理模式与西方员工追求自由平等观念背道而驰，巨大的冲突导致企业跨文化整合的失败与搁浅；僵化的组织结构、森严的等级划分、铁血狼文化导致企业缺少自由创新的氛围，抹杀了员工的个性和创造力。而这样的人力资源管理理念导致的结果是：企业不能长期留住员工。为了使员工的流失率有所保障，企业应重视自身的管理理念，采用人性化的管理方式，减少员工的负担。故在此部分应填写的内容为：

始终秉承尊重员工，关心员工，满足员工需求，挖掘员工潜力、人才开发的管理理念，如图 3-10 所示。

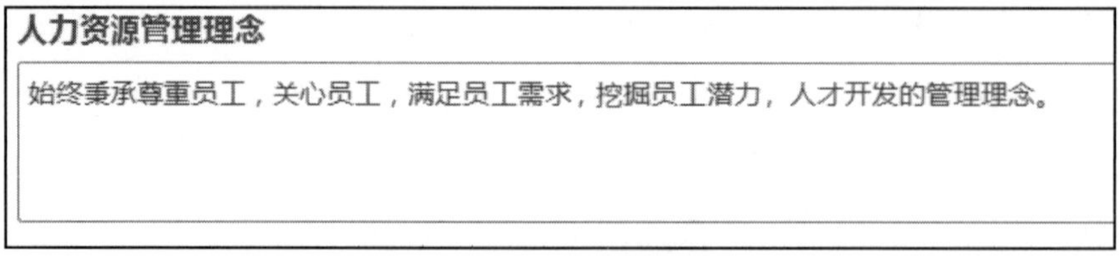

> **人力资源管理理念**
> 始终秉承尊重员工，关心员工，满足员工需求，挖掘员工潜力，人才开发的管理理念。

图3-10　人力资源管理概念

其次，从该公司的企业组织结构上看，上通公司在发展初期时，以集权式结构作为组织结构，而到了公司发展的中期，上通电信设备有限公司进行组织结构变革，由集权式结构逐渐转变为直线职能结构，以应对消费者的快速变化、技术的迅速迭代和竞争的加剧。但即便是这样的组织结构变化，依旧无法满足企业的发展。后来，上通电信设备有限公司又进行了调整，在原有的直线职能制上，逐步推行了事业部制。故在此部分应填写的内容是：在原有的直线职能制上，逐步推行了事业部制，如图 3-11 所示。

> **企业组织结构**
> 在原有的直线职能制上，逐步推行了事业部制。

图3-11　企业组织结构

然后，从工作分析(工作内容、岗位需求)的角度上看，上通公司目前所做的事情是：以工作分析为基础，梳理现有岗位的任职条件，构建岗位任职资格体系；针对各专业人员的职业发展规划，设计岗位序列标准，指导建设各专业发展通道。将上述答案填在对应问题的空格栏内，如图 3-12 所示。

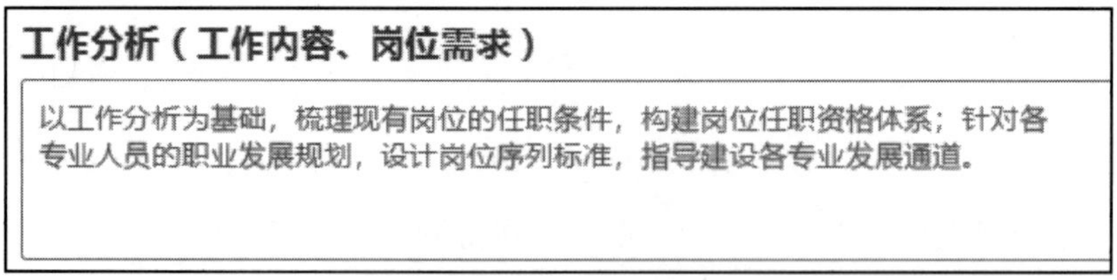

> **工作分析（工作内容、岗位需求）**
> 以工作分析为基础，梳理现有岗位的任职条件，构建岗位任职资格体系；针对各专业人员的职业发展规划，设计岗位序列标准，指导建设各专业发展通道。

图3-12　工作分析

接着，从员工的培训与开发方面分析公司人力资源管理现状，这一点可以在系统案例中的人力资源现状分析中找到部分描述。虽然该公司非常重视员工的工作技能培训，培训高付出并没有得到高回报，公司的生产效率和销售效率较低，只达到了平均每人每年 3 000 件和每人每年 6 000 件。故答案是：培训体系日益成熟，但收效甚微，如图 3-13 所示。

```
┌─────────────────────────────┐
│ 员工培训与开发               │
│ 培训体系日益成熟，但收效甚微。│
└─────────────────────────────┘
```

图3-13　员工培训与开发

最后，从上通公司的员工绩效考核来评估公司人力资本工作效率，为提高企业员工的工作效率，该公司从 2009 年就开始建设企业内部的培训体系，现在培训体系已经日益成熟，包括专家授课、技能实训、案例分析、传统授课等形式的课程，每次的培训课程费用基本在 15 万元上下浮动，企业同时也在源源不断地开发新的培训项目，以适应企业的发展要求。故该问题的内容是：绩效考核从企业、团队和个人层面整体考核；与薪酬激励联动；与职位相联系；如图 3-14 所示。

```
┌─────────────────────────────────────────────────────────┐
│ 员工绩效考核                                              │
│ 绩效考核从企业、团队和个人层面整体考核；与薪酬激励联动；    │
│ 与职位相联系。                                            │
└─────────────────────────────────────────────────────────┘
```

图3-14　员工绩效考核

简答题

1. 人力资源现状分析的内容有哪些？
2. 人力资源现状分析都使用什么方法？
3. 外部环境分析主要包括哪些社会因素？

案例分析

以一家企业为调研对象，运用本章所学的分析方法对该企业人力资源现状进行调研，形成该企业人力资源现状调研报告，并对人力资源工作效果进行评估。

参考文献

[1] 赵永乐等. 人力资源规划(第 3 版)[M]. 北京：电子工业出版社，2018.

[2] 仇丹丹. 浅析人力资源规划外部环境分析的要素[J]. 农家参谋，2018.7：267.

[3] 赵曙明. 人力资源战略与规划[M]. 北京：中国人民大学出版社，2018.

[4] 张甜. 人口老龄化与微观人力资源管理变革[J]. 未来与发展，2006.12：39-44.

[5] 斯蒂芬·P. 罗宾斯，玛丽·库尔特. 管理学(第十三版)[M]. 刘刚，费少卿，译. 北京：中国人民大学出版社，2017.

[6] 最新技术对于人力资源管理的影响. http://www.hrsee.com/?id=949.

[7] Michael E. Porter. How Competitive Forces Shape Strategy[J]. Harvard Business Review,1979,3:133-143.

[8] Dyer·L, Reeves·T. Human Resource Strategies and Firm Performance:Do we know and where do we need to go [J]. International Journal of Human Resource Management,1885(6):656-670.

第 4 章
人力资源战略规划

📖 **课前导读案例**

∞ 少年与老板 ∞

一位成功的商人与山村里的憨厚少年相遇了,商人发现少年很像当年的自己,便动了培养少年的心。于是,他说服少年和他的家人,带着少年走出了穷山沟。每天让少年跟随自己左右,学习如何做事。过了半年,少年主动对商人说自己也想当老板。商人很开心,以为他开窍了,于是问他,老板是做什么的。少年说了一大堆,总而言之就是签签字,吃吃饭,聊聊天。商人觉得很有挫败感,不知道问题出自哪里。他左思右想,可能是自己并没有讲清楚老板该做什么。于是,每当签字的时候,他就告诉少年这是要做决策,制定战略规划。在吃饭的时候,他又告诉少年这是联系企业内外部关系,构建公司关系网络,拓展组织外部资源。在聊天的时候,他又教导少年这是在与下属沟通、激励员工……这一回,少年终于开窍了,商人便将一个子公司交给少年打理。然而不到一年,子公司不得不宣布停业整顿。商人质问少年,少年胆怯地回答"我只是知道该做什么,却不知道要怎么做[1]。"

思考
案例中的少年为什么会失败?

我们可以从广义视角和狭义视角理解人力资源战略规划。广义视角的人力资源战略规划,是指让人力资源战略规划跟随组织的战略、目标和组织内外部的环境变化走,通过对人力资源的供给来预测组织未来的任务和环境对组织的要求。狭义视角的人力资源战略规划,是企业有计划地提前预测判断未来人员的供需走势，提前做好人才储备梯队建设或减少冗员[2]。

4.1　人力资源战略规划的内容

虽然不同学者对人力资源战略规划内容的界定和分类有所不同，但大致都会包含人力资源管理活动的各个模块，本书将人力资源战略规划的内容分成以下几部分内容。

1. 员工招聘规划

员工招聘规划，即拟定人员补充政策，通过有计划地、合理地吸收外部人员，从而对组织中长期可能产生的空缺职位加以补充的规划。这是一种"由外向内"的计划。通过网络招聘、外部招聘和内部招聘等多种方式对申请人建立的数据进行接收，对招聘简历进行筛选、面试、复试、甄选、评估、入职等各环节全面记录及监管，并同时形成企业人才库。

2. 员工内部流动规划

员工内部流动规划根据组织战略、目标和环境的变化，通过有计划地组织员工在企业内部的工作调整和岗位变换，实现未来职位上配置内部人员的规划。企业可以通过建立内部人才市场、内部跳槽制度、晋升机制、竞聘制度和岗位轮换制度等实现员工内部流动。

3. 退休解聘规划

退休解聘规划是指根据组织需求，逐步、有计划地安排达到退休标准的人员和考核不合格者退出组织，使企业人员结构更合理、更科学化。这是一种"由内向外"的计划。具体包括退休计划和解聘计划。

4. 职业生涯规划

职业生涯规划是指基于对组织内外部环境变化及组织发展战略的考虑，引导员工职业发展方向，组织帮助员工依据自身个性、能力、兴趣和潜在机会制订的个人职业发展计划，系统地安排组织内员工职业发展规划。

5. 培训开发规划

培训开发规划是指基于组织长远目标，通过各种培训方式挖掘员工潜在才能，提升员工专业技能存量，激发员工的工作热情，使员工更好地适应未来的岗位发展需要。目前企业常用的员工培训开发方式有在职培训、半脱产或脱产培训、技术攻关、管理/技术咨询、自主学习、引进人才等。

6. 薪酬激励规划

薪酬激励规划是指管理者在组织环境变化和战略调整的指导下，制定员工薪酬的支付原则和标准、确定薪酬水平和结构、确定分配方式等一系列的薪酬管理活动，目的是提高员工工作绩效的同时激发员工对工作的热情。

7. 组织文化规划

组织文化规划是指组织管理者有意识地对组织文化进行传播、弘扬和不断完善建设的过程。通过宣讲企业历史文化、明确企业规章制度、设计公司 LOGO 和制服、确定公司庆祝日等各种组织文化建设方式，让组织文化更好地被员工理解、接受和认可，让员工感同身受组织的价值观和行为理念，激发员工爱企业、为企业奉献的主人翁精神。通过企业精神、企业经营哲学、企业价值观、企业伦理道德、企业形象文化、企业制度文化和企业物质文化的构建和宣传，可以实现组织文化规划。

4.2 人力资源战略规划的步骤

人力资源战略规划为企业人力资源管理工作的开展指明了方向，是人力资源管理工作的纲领。可以从战略规划层面和经营计划层面设计人力资源战略规划。战略规划层面的人力资源规划主要研究企业内外部环境、预判人力资源梯队、设计人力资源规划战略的调整方案等。经营计划层面主要关注具体的人力资源供需预测，相应地设计人力资源供需计划。

开展人力资源战略规划活动主要有以下步骤。

1. 确定组织的使命、目标和战略

人力资源管理者需先确定组织总体发展战略和组织目标。具体包括要明确企业的宗旨，它界定了企业到底应该从事什么样的事业，包括企业的产品和服务范围。确定好组织宗旨后，企业才能确定招聘的人员类型、数量、质量等。例如，达美乐比萨公司的企业宗旨是做比萨生意，如果你认为这家公司就是提供比萨产品，那就错了。因为该公司一直从事送货事业，公司的独特优势在于 30 分钟内向成千上万家庭送比萨饼，这种服务定位满足顾客对于快速就餐的需求。在这种定位下，企业需要招聘和配置的人员更应该满足该定位，而不应该仅仅将目标定位在营

养师和厨师。接着需要界定具体的目标，即对公司想要实现的一种未来状态的简要描述，并且这种描述应可被衡量，也是完成宗旨必不可少的工作。

2. 组织内外部环境分析

具体的战略目标再结合组织资源分析，才能进一步确定人力资源需求状况。组织资源包括企业现有员工基本情况、员工的知识经验状况、员工能力开发、员工德商情商智商、员工个人目标与组织目标统一、员工绩效、员工流动和人力资源政策等。此外，对外部环境进行分析主要关注如劳动力市场基本状况、市场供需现状、培训政策与培训工作、劳动力择业、产业结构升级与产业技术迭代带来的劳动力需求变化等问题。

3. 人力资源战略规划的制定

以上信息的收集是开展企业人力资源战略规划制定的基础。人力资源战略规划的制定需要与企业发展战略相匹配。基于以上信息，人力资源管理者开发和评价不同的战略选择，以便能够选择最佳的人力资源规划战略来充分利用组织的资源和外部机会。人力资源战略规划的开发和评价要与最适合的组织结构相匹配，保持人力资源战略与公司文化相一致，与利润和利润增长最大化的目标保持一致。

4. 人力资源战略规划的实施

无论人力资源战略规划制定得多么完美，没有执行力注定会失败。人力资源战略规划的实施与执行要具体落实在人力资源管理工作的各个模块当中，以人力资源管理工作制度为保障，以企业各个职能部门的通力合作才能实现。没有完善的组织结构匹配、没有工作分析与职务评价、没有科学的招聘管理、系统的培训、由上至下贯彻一致、与薪酬挂钩的绩效管理、没有有效的激励手段等，人力资源战略规划的实施就是一句空谈。

5. 人力资源战略规划的监控和评估

在实施人力资源战略规划时，只有持续不断地监控各项活动的执行落实情况，才能保证它们按照计划进行并纠正各种重要偏差。所有管理者都得对人力资源战略规划进行控制。有效的监控是为了保证各项活动的进行与组织目标方向具有一致性。人力资源战略规划的监控和评估系统越完善，组织的目标越容易实现。监控体系需要搜集、整理、规划详细的相关信息，并将这些信息与企业发展战略、企业人力资源模块设计、人力资源管理各体系模块建立的合理性及操作性进行对比，查询在执行周期内人力资源战略规划的实施情况，根据比对结果并综合考虑外部环境变化调整人力资源战略规划中不完善的地方，使其能够适应企业整个发展战略的变化。

4.3 人力资源战略规划实训

《礼记·中庸》有言:"凡事预则立,不预则废。言前定则不跲,事前定则不困,行前定则不疚,道前定则不穷。"意即凡事如果事前精心谋划,成功的概率会更大。而人力资源的规划在人力资源管理中就起到这样一个事前谋划的作用,为了满足企业整体总战略的要求,随着环境的变化调整人力资源规划。

在本次实训中,人力资源战略规划包括两个部分,分别是战略规划的内容和战略规划流程。针对每一部分,系统中准备了相关理论知识以备实训使用,也设计了相应的练习供学生实操演练,学生应在充分掌握各部分计划的理论知识之后开始实训练习,完成本次实训。

登录系统之后,在左侧任务栏选择"人力资源战略规划",如图4-1所示。

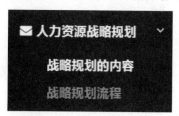

图4-1　人力资源战略规划

4.3.1　战略规划的内容

进入系统后,在"人力资源战略规划"选项下单击"战略规划的内容"。进入战略规划的内容实训界面,可看到这部分实训包括人力资源战略规划的分类。首先学生要通读人力资源战略的定义,如图4-2所示。

定义
人力资源战略规划有广义和狭义之分。
广义:
根据组织的发展战略、目标及组织内外环境的变化,预测未来的组织任务和环境对组织的要求,以及为完成这些任务,满足这些要求而提供人力资源的过程。
狭义:对可能的人员需求、供给情况作出预测,并据此储备或减少相应的人力资源。

图4-2　战略规划的定义

在战略规划的内容中，人力资源规划化有广义与狭义之分。人力资源规划从广义上看是根据组织的发展战略、目标及组织内外环境的变化，预测未来的组织任务和环境对组织的要求，以及为完成这些任务，满足这些要求而提供人力资源的过程。

学生先通读人力资源战略规划的定义，然后完成剩下战略计划的分类，如图4-3所示。

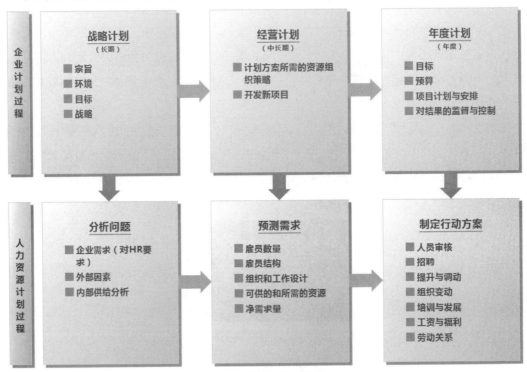

图4-3　战略规划的分类

从公司的内部控制管理来看，企业的人力资源计划过程是从属于企业整体的战略计划，再根据时间分开的。人力资源计划过程按照企业总体计划的推进过程——战略计划、经营计划和年度计划可以分为分析问题、预测需求和制定行动方案三个部分。

基于企业愿景、目标、战略和内外部环境变化，分析研究内部供给情况，找到企业目前以及未来对于人力资源的需求。当企业的战略计划细分到精英计划即中长期计划后，人力资源部要根据企业战略计划方案和业务部署，预测雇员的数量和任职资格条件。而当企业正式从精英计划推进到年度计划之后，意味着这件事情马上就要进行了。企业为了达成该年的年度目标，需要付出多少成本，各个时间的项目计划与安排如何，以及最后的收尾工作怎样。而人力资源部在其中扮演的角色就是确保这一项目中，人力资源的供给可以满足企业对于人力资源的需求，为此人力资源需要制定对应的行动方案。当人力资源的供给过少时，要考虑到人力资源的招聘问题、内部组织机构的变动问题和人员晋升问题。除此之外，员工培训与开发、工资与福利和劳动关系也是人力资源管理部门要考虑的问题。

4.3.2　战略规划流程

进入系统后,在"人力资源战略规划"下单击"战略规划流程"。在这一部分,学生将运用在上一部分了解到的关于战略规划的理论内容,再结合系统案例,对问题给出分析,完成整个实训流程。

战略规划流程包含4步:调查分析、设定目标、分析评价和确定战略目标。

首先,调查分析。系统所给出的问题是:阅读案例,对案例企业发展现状进行 SWOT 分析,提取出企业的组织目标研究结果。

从系统给出的企业内部环境来看,上通电信设备有限公司顺利经历了市场的初期开拓,产品和服务已被消费者认可,构建了较完备的国内外市场体系,打造产品线,形成了产品体系。

其次,上通电信设备有限公司侧重产品研发,全球范围内约有40%的员工从事产品研发,年均投入研发经费超过销售额的10%。产品和技术的研发投入,使得上通电信设备有限公司的产品技术含量始终处于领先地位。再加上劳动力成本低,产品成本有竞争力,因此,上通电信设备有限公司产品性价比高、交付快。

综上所述,竞争优势对应空格栏内应输入:1. 全球化产品体系与市场体系;2. 技术创新领导者带来的竞争优势;3. 相对发达国家企业,具备劳动力成本优势;4. 产品性价比高、交付快。具体如图4-4 所示。

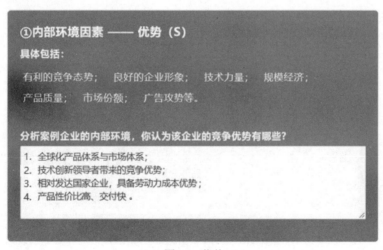

图4-4　优势

填写完企业的竞争优势后,学生转到企业的竞争劣势界面。通读系统案例后,在企业基本情况和市场环境中,可以找到关于企业竞争劣势的描述。

首先是上通公司的人力资源管理理念更多地表现为"压榨式"管理:高强度的劳动时间与劳动负荷、非人性化的管理制度、残酷的适者生存法则导致大多数员工筋疲力竭、难以承受,极大地破坏员工工作的积极性和能动性，导致大量员工流失，破坏了企业员工队伍的稳定性；缺乏人本管理理念和生硬的军事化管理模式与西方员工追求自由平等观念背道而驰，巨大的冲突导致企业跨文化整合的失败与搁浅；僵化的组织结构、森严的等级划分、铁血狼文化导致企业缺少自由创新的氛围，抹杀了员工的个性和创造力。

其次在市场环境方面，"中国制造"的产品在很多发达国家被贴上廉价品、便宜货和次品的标签。虽然上通公司超过75%的销售收入均来自海外，但消费者的负面认知并不利于上通公司产品的声誉和美誉，最终影响销售。

在产品创新方面，上通电信设备有限公司连续数年成为申请专利数量最多的单位，研发能力逐步提高。但是也应该看到，该公司也存在中国公司普遍表现出的状况——在原始创新上"总是差口气"，体现为缺乏原创产品，研发基础薄弱，以改进型创新为主，原始创新较少。此外，上通公司采用的商业模式是与电信运营商合作的直销模式，这种模式适用于南美之外的发展中国家，在发达国家行不通，而这一点更加显示出了大环境对上通公司的销售很不利。

综上所述，学生在企业的竞争劣势对应空格栏内填入：1. 人力资源管理理念更多地表现为"压榨式"管理：高强度的劳动时间与劳动负荷、非人性化的管理制度、残酷的适者生存法则导致大多数员工筋疲力竭、难以承受，极大地破坏了员工工作的积极性和能动性，导致大量员工流失，破坏了企业员工队伍的稳定性；2. 缺乏人本管理理念和生硬的军事化管理模式与西方员工追求自由平等观念背道而驰，巨大的冲突导致企业跨文化整合的失败与搁浅；3. 僵化的组织结构、森严的等级划分、铁血狼文化导致企业缺少自由创新的氛围，抹杀了员工的个性和创造力；4. 很多发达国家给"中国制造"贴上廉价品、便宜货和次品的标签；5. 原始创新匮乏；6. 营销模式只在发展中国家比较有效，在发达国家收效甚微。具体如图4-5所示。

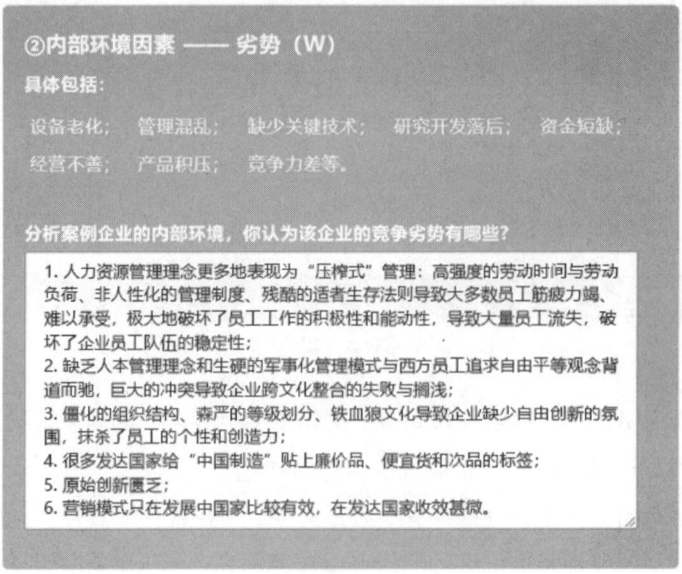

② 内部环境因素——劣势（W）

具体包括：

设备老化；　管理混乱；　缺少关键技术；　研究开发落后；　资金短缺；

经营不善；　产品积压；　竞争力差等。

分析案例企业的内部环境，你认为该企业的竞争劣势有哪些？

1. 人力资源管理理念更多地表现为"压榨式"管理：高强度的劳动时间与劳动负荷、非人性化的管理制度、残酷的适者生存法则导致大多数员工筋疲力竭、难以承受，极大地破坏了员工工作的积极性和能动性，导致大量员工流失，破坏了企业员工队伍的稳定性；
2. 缺乏人本管理理念和生硬的军事化管理模式与西方员工追求自由平等观念背道而驰，巨大的冲突导致企业跨文化整合的失败与搁浅；
3. 僵化的组织结构、森严的等级划分、铁血狼文化导致企业缺少自由创新的氛围，抹杀了员工的个性和创造力；
4. 很多发达国家给"中国制造"贴上廉价品、便宜货和次品的标签；
5. 原始创新匮乏；
6. 营销模式只在发展中国家比较有效，在发达国家收效甚微。

图4-5　劣势

学生在完成企业的竞争劣势描述后，将目光转移到企业的发展机遇上。这一部分内容学生可以在本实训系统案例的上通公司的市场环境部分找到。

首先，在中国政府的大力推动下，中国电信企业抓住了技术更新迭代带来的快速晋升机会，经历了数字交换机阶段、GSM 阶段和 3G 阶段，实现了后发企业的蛙跳式追赶，中国电信企业走出国门，服务世界市场。世界信息经济和互联网产业的迅猛发展，为通信设备制造业的高速增长带来了历史契机，使其成为发展前景最好、发展速度最快的行业之一。

其次，国外市场经济低迷，从 2008 年的金融危机开始，西方发达国家纷纷紧缩财政政策，减少财政支出，通信行业的财政支持政策也不断紧缩。发达国家国内的经济形势导致其国内电信行业发展低迷，这就给具备低成本战略优势的上通电信设备有限公司带来了不可多得的发展机遇。"价廉物美"的上通公司产品顺利打开国外市场并一展身手。而近年来，中国成长为全球移动电话市场份额的领导者。

综上所述，学生在企业的发展机遇对应空格栏内填入：1. 世界信息经济和互联网产业的迅猛发展，为通信设备制造业的高速增长带来了历史契机；2. 2008 年的金融危机使西方发达国家纷纷紧缩财政政策，减少财政支出，通信行业的财政支持政策也不断紧缩；3. 中国成长为全球移动电话市场份额的领导者。具体如图 4-6 所示。

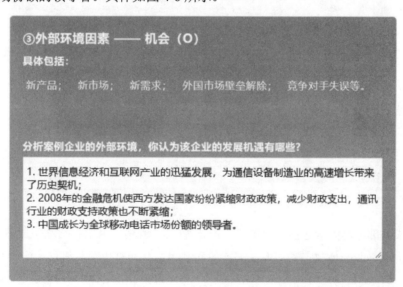

图4-6　机会

在学生完成"外部环境因素——机会"的填写之后，继续下一步骤，"外部环境因素——威胁"的填写。这一部分内容可以在本实训系统案例的市场环境部分找到相关资料。

首先，通信设备制造业整体发展速度放缓，技术产能过剩、服务过剩和终端用户固有消费习惯的惯性逐步蚕食电信运营商的盈利空间，盈利能力不断被稀释，导致营业收入和利润不断下滑。

其次，上通电信设备有限公司目前的销售收入主要依赖外部市场，75%以上的销售收入来自海外。随着人民币持续升值，必定削弱产品的竞争力，让价格敏感的顾客放弃上通电信的产品。同时，全球电信设备制造商的产业内部不断进行重构，经过一系列的兼并和重组，全球电信设备制造商产业逐步形成几大寡头垄断，上通电信设备有限公司难以融入竞争集团，更难以以一己之力对抗集团竞争。

综上所述，学生在企业的发展威胁对应空格栏内填入：1. 通信设备制造业整体发展速度放缓，技术产能过剩、服务过剩和终端用户固有消费习惯的惯性逐步蚕食电信运营商的盈利空间，盈利能力不断被稀释，导致营业收入和利润不断下滑；2. 上通电信设备有限公司目前的销售收入主要依赖外部市场，高于75%的销售收入来自海外。随着人民币持续升值，必定削弱产品的竞争力，让价格敏感的顾客用脚投票，放弃上通电信的产品，必将削减竞争力。具体如图 4-7 所示。

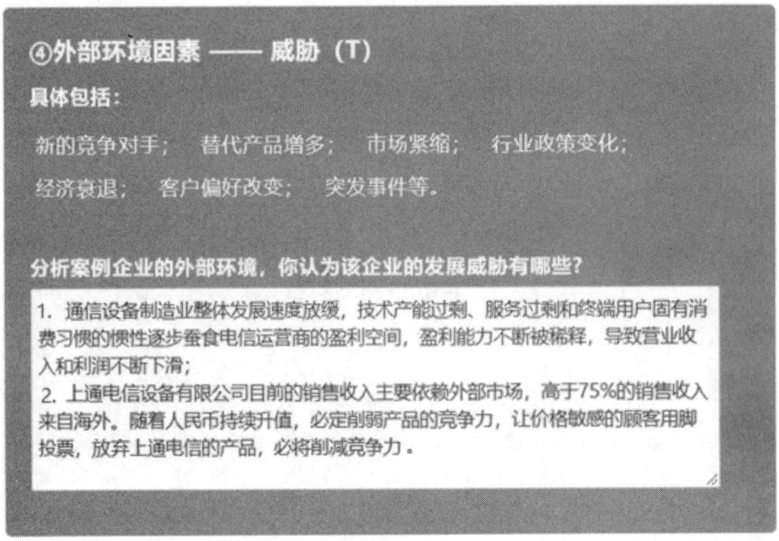

图4-7 威胁

分析完成外部环境因素之后，单击"生产 SWOT"表格，系统会自动生成 SWOT 表格，该表格会将影响企业的外部因素和内部因素放在其中，并通过优势与机会、优势与劣势、劣势与机会、劣势与威胁的方式制定相应的对策。在该界面要求学生通过比对各个因素，提出相应的对策，并填写到表格对应的空格栏中，如图4-8 所示。

外部因素	内部因素 对策	机会 O 1. 世界信息经济和互联网产业的迅猛发展，为通信设备制造业的高速增长带来了历史契机。 2. 2008年的金融危机使西方国家给予紧缩财政政策，减少财政支出，通讯行业的财政支持政策也不断减弱。 3. 中国成为全球移动电话市场份额的领跑者。	威胁 T 1. 通信设备制造业整体发展速度放缓，技术严酷过剩，服务过剩和该满足用户需求的慢慢逐步蚕食电信运营商的盈利空间，盈利能力不断被削弱，导致营业收入和利率不断下滑。 2. 上通电信设备有限公司目前的销售收入主要依靠外部市场，高于75%的销售收入来自海外。随着人民币持续升值，必定削弱产品的竞争力，让价格敏感的国际客户倒戈，放弃上通电信的产品，必将构成威胁竞争力。
优势 S 1. 全球化产品体系和市场体系； 2. 技术创新领导者等的竞争优势； 3. 相对发达国家企业，具备劳动力成本优势； 4. 产品性价比高，交付快。		S-O计划 发挥企业内部优势充分利用企业外部机遇的战略计划	S-T计划 利用本企业内部优势回避或减轻外部威胁影响的战略计划
劣势 W 1. 人力资源管理过于急功近利表现为"指挥式"管理；高强度的劳动时间与劳动负荷，非人性化的管理制度，残酷的淘汰生存法则导致大多数员工筋疲力竭，难以舒心。极大地破坏了员工工作的积极性和能动性，导致大量员工流失，破坏了企业员工队伍的稳定性。 2. 缺乏人本管理理念和生硬的军事化管理模式与西方员工追求自由平等明令公正有冲突。巨大的中欧取企业文化磨合的失败与博弈； 3. 僵化的组织结构，苛严的等级划分，铁血狼文化导致企业缺少自由创新的氛围，抹杀了员工的个性和创造力； 4. 很多发达国家给"中国制造"贴上廉价品、低质次和次品的标签； 5. 原始创新滞后； 6. 营销模式只在发展中国家比较有效，在发达国家收效甚微。		W-O计划 利用外部机遇来弥补企业内部弱点的战略计划	W-T计划 减少内部弱点，同时回避外部环境威胁的一种防御性战略计划

图4-8 SWOT分析

首先是关于 S-O 计划的制订，从上通公司内外部环境因素的优势来看，上通公司的产品具有较好的竞争性，具有物超所值、交付快的特点，成本差异优势在金融危机后的西方国家市场有着得天独厚的优势。但为了保证市场的占有率，单靠成本优势是完全不够的，建议引进新的高端人才，再采取加入国际化组织的策略来保持优势。故 S-O 计划应该是这样的：继续努力拓展海外市场份额，招贤纳士，在全球招募高端技术人才、销售人才和管理人才，提升企业原始技术创新和国际化管理水平，拓展国际业务渠道，增强国际竞争力，同时夯实研发基础，加大原始技术创新的投入；采取"借船出海"的策略，加入国际标准化组织，在国际化竞争中变被动为主动，逐渐实现"造船出海"，开拓欧洲等发达国家市场。

再从 S-T 计划上看，比对上通公司的内部优势和外部劣势，在这样的情况下，利用企业内部的产品高性价比和人力资源便宜的优势，尽力弥补外部环境带来的威胁，取得国家的支持，提高技术水平。故 S-T 计划是这样的：坚持"市场驱动"为主的研发战略，以项目管理为运营载体，满足顾客定制化需求，提供定制化产品和服务；紧密联系政府相关部门，加强政企合作，充分利用政策法规的带动性，拓展国内市场；细分市场客户类型，利用优势产品满足经济实力强、服务质量需求高的大客户的需求。

而 W-O 计划，则是一种利用外部机遇来弥补企业内部弱点的战略计划。上通公司内部最大的问题还是他们的铁血头狼文化，这样的主张固然给予上通公司这样的初创企业扩张的机会，但对于人力资源方面却是一个重大的打击。上通公司应该根据内外部的环境变化，研究出一套适合当前情况的企业文化和组织模式。同时利用好国外相关竞争者还没有发展完成以及国内市场越来越大的优势，加大科技投入，创新出自己的原创产品。故 W-O 计划为：修正企业传统文化，融入自由、民主和创新的精神；根据外部环境的变化引导组织结构变革；利用机会避开劣势，整合供应链的同时大力发展技术研发，获得更多的自主知识产权。

而W-T计划无疑是一种防御性质的计划，为了减少内部的弱势因素，为了回避外部环境的威胁，上通公司需要小心谨慎，作出一系列符合公司的调整决策。在这一部分需要注意的有两点，上通公司应逐步引入人本管理理念——以人为本，吸引人才、留住人才，给人才创造施展能力的企业氛围，减少高端人才的流失；通过自主研发、引进高端人才、技术合作等多种方式加快研发原始创新的技术和设备。故W-T计划为：优化人员结构，同时削减开支，使资源使用最佳化；注重人本化管理，注重人才管理，健全管理机制，科学决策；创新并推出更多拥有自主知识产权的技术和设备。

学生将各计划内容填写到SWOT表格中的对应空格栏处，单击"完成"按钮，如图4-9所示。

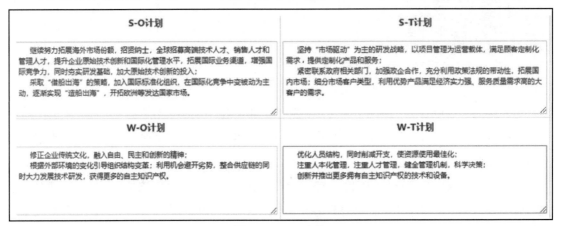

图4-9　SWOT表格

该流程全部完成之后，单击"解析"按钮，弹出SWOT的表格解析，学生可以将其与自己填写的内容进行比对，之后，单击"下一步"按钮，进入拟定目标流程界面。

制定战略规划目标时，落脚点应该是可测量性、可行性和可操作性。例如，对于企业来讲，明确它的市场份额、销售额、利润、目标受众等，设置完成目标的期限和考核标准，这些都是对目标的量化。

故上通公司的企业战略目标有：建立良好的人力资源管理及激励体系，培养一支职业经理人队伍和专业化的员工队伍，特别是构建一个职业化的核心管理团队，拥有一支具备丰富专业知识和市场开发能力的营销队伍；在保持原有的国内电信市场份额下，本年度增长到25%的国内市场份额；本年度的净利润达到200亿；本年度的销售收入目标是818亿。

将以上战略目标逐一填写到该问题的对应填空栏中，如图4-10所示。

第4章 人力资源战略规划

依据案例以及上一步调研结果拟定量化企业战略目标
目标1: 建立良好的人力资源管理及激励体系,培养一支职业经理人队伍和专业化的员工队伍,特别是构建一个职业化的核心管
目标2: 在保持原有的国内电信市场份额下,本年度增长到25%的国内市场份额;
目标3: 本年度的净利润达到200亿;
目标4: 本年度的销售收入目标是818亿。

图4-10 拟定目标

单击"提交"按钮,完成该流程后,再单击"解析"按钮,查看题目解析界面,比对自己的答案。之后,单击"下一步"按钮,完成该步骤。

在第三步,评价论证这一步骤中,学生将根据案例以及上一步制定的目标对下表各项进行评估。"建立良好的人力资源管理及激励体系,培养一支职业经理人队伍和专业化的员工队伍,特别是构建一个职业化的核心管理团队,拥有一支具备丰富专业知识和市场开发能力的营销队伍"这一部分评估内容在"战略规划背景""商业机会""战略方案"和"财务情况"中,匹配程度都是高的。而评估内容"在保持原有的国内电信市场份额下,本年度增长到25%的国内市场份额"在四种评估情况中都是中等。最后"本年度的净利润达到200亿"和"本年度的销售收入目标是818亿"在四个方面的匹配程度都是低以及极低的。

综上所述,学生在各个匹配度中选择最匹配的选项,单击"提交"按钮,之后,单击"解析"按钮,查看解析界面,如图4-11所示。

		匹配度
战略规划背景	建立良好的人力资源管理及激励体系,培养一支职业经理人队伍和专业化的员工队伍,特别是构建一个职业化的核心管理团队,拥有一支具备丰富专业知识和市场开发能力的营销队伍;	○匹配度极高 ●匹配度高 ○匹配度中等 ○匹配度较低 ○匹配度极低
	在保持原有的国内电信市场份额下,本年度增长到25%的国内市场份额;	○匹配度极高 ○匹配度高 ●匹配度中等 ○匹配度较低 ○匹配度极低
	本年度的净利润达到200亿;	○匹配度极高 ○匹配度高 ○匹配度中等 ●匹配度较低 ○匹配度极低
	本年度的销售收入目标是818亿。	○匹配度极高 ○匹配度高 ○匹配度中等 ○匹配度较低 ●匹配度极低

图4-11 评价论证

完成以上步骤后,单击"下一步"按钮,进入下一流程,确认战略目标。依据前三个步骤的填写内容和案例内容,填写企业战略规划目标的具体内容。从以上的几个流程步骤中可以得出,上通公司目前应该注重对于产品本身的创新性,尽可能研发出自身原创的产品;改革国外市场的营销方式,推动进入国际市场的步伐;建立人性化的人力资源结构以及激励体系,加大对于高端人才的索取。

综上所述，学生应在对应空格栏内填写"加大创新力度，拓展市场销售；推动进入国际市场的步伐；提升人力资源管理者专业素质；建立良好的人力资源管理及激励体系"。单击下方的"提交"按钮，提交成功后单击"解析"按钮，显示解析页面，如图4-12所示。

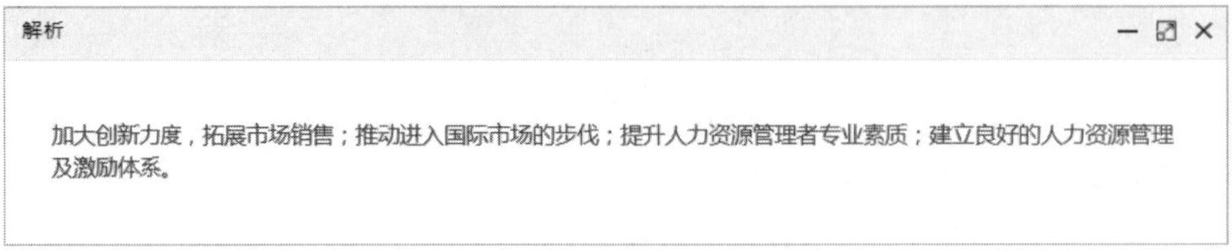

```
解析                                                    — ⃞ ×

    加大创新力度，拓展市场销售；推动进入国际市场的步伐；提升人力资源管理者专业素质；建立良好的人力资源管理
    及激励体系。
```

图4-12　确定战略目标

简答题

1. 人力资源战略规划包含哪些内容？
2. 开展人力资源战略规划活动主要有哪几个步骤？
3. 试论述人力资源战略规划的意义。

案例分析

中国已经成为世界第二大能源消费国，随着低碳环保等口号的提出，大力发展环保能源产业，是未来能源企业发展的主要方向。因此，环境能源公司的规模不断壮大，吸引了越来越多的高素质人才投入其中。那么作为高素质人才的集中营，环境能源公司该如何制定人力资源战略规划呢？下面将以北京某环境能源公司为例，探究如何制定人力资源战略规划，开展人力资源管理活动。经过实地调研和访谈，以及对公司现有人力资源状况的梳理，我们知道公司基本情况如下：

首先，本公司人力资源现状。该公司拥有较完备的研发梯队，接近100人，其中19%的研发人员具有高级职称，24%的研发人员具有中级职称。从该公司的管理人员梯队来看，公司高层管理人员20人，平均年龄34岁，本科以上学历占88.8%。其次，该能源环境公司近年来不断招募国际化人才，也不断对自己的员工进行国际化培训，一批具有跨国公司工作经验的管理者和研发者也陆续加入该公司。

通过对该公司人力资源规划工作的调研，发现该公司的人力资源管理工作正由人事管理向现代人力资源管理过渡，侧重以人为本，强调人是创造价值的载体。

（1）该集团已经初步构建了企业的人力资源规划体系，能够及时监控公司人力资源状况的变动，利用统计分析方法进行科学的人力资源预测分析，为其他人力资源管理活动的顺利开展奠定了基础。

（2）初步形成招聘体系，利用校园招聘、猎头公司、网络招聘等多种渠道混合招聘的模式，为公司招募各种类型、各种专业和不同级别的员工,并利用筛选机制甄选员工。搭建了基于校园、猎头、网络等多渠道的招聘平台,建立了员工筛选机制。

(3) 该集团逐步健全激励机制,通过工作评价确立岗位规范,设计考核机制、内部奖惩晋升机制和培训机制等。

(4) 该集团人力资源培训和开发体系已初步建立,职业化水准已达到一定的水平[3]。

问题

请根据上述资料,为该公司细化人力资源战略规划。

参考文献

[1] 宋柯. 少年与老板间的距离,http://www.chinahrd.net/blog/307/1116280/306338.html.

[2] 彭剑锋. 人力资源管理概论(第三版)[M]. 上海:复旦大学出版社,2018.

[3] 中国人力资源开发网. 目标+机制+体系:能源公司人力资源战略规划纪实,http://www.chinahrd.net/blog/279/1034120/278567.html.

第 5 章
组织结构设计与变更

📖 **课前导读案例**

❧ 携民渡江 ❦

新野战后,曹军受辱,雪耻卷土而来,敌众我寡,备不敌,商议暂渡汉水,退至襄阳。城中一众百姓,闻之皆愿随往。彼时渡江,百姓拉家带口,负重前行,行进缓慢,乘船时更兼混乱。少许,曹兵追至,备险些送命矣。

❧ 携民逃亡 ❦

公元前1446年,摩西带领两百多万以色列人逃离埃及,前途一片迷茫,后背追兵尾随,他们克服了艰难险阻才越过红海,逃离了苦海,这些以色列人手无寸铁,又毫无作战经验,能够逃离出凶险之地。起初,大家行进缓慢,大事小情都找摩西解决,摩西顾此失彼、焦头烂额。后来,摩西的岳父建议"不必事必躬亲"。于是,设立十夫长、百夫长、千夫长制度,分级管理不同数量的民众,并向上级报告。就这样,很快便到达了目的地[1]。

思考
什么原因导致了刘备的失败和摩西的成功?

戴明说:"所有致力于授权、激励、建立团队、奖金、负责人再创造的工夫和努力,都不足以弥补组织机能失灵的系统。如果组织系统运行不顺利,以人为本只不过是空洞而无意义的空话。"[2]这句话突出了组织的重要性。组织和计划一样,既具有名词属性又具有动词属性。

作名词用，指的是按一定规则建立起来的人的集合体。

5.1 组织结构类型

企业的组织结构是企业经营管理运行的框架基础，是企业决策支持、实施和业务控制的载体，很大程度上决定了企业目标能否顺利实现。追溯企业发展史，企业的组织结构类型有：直线制、职能制、直线职能制、事业部制等。

1. 直线型组织结构

直线型是最简单的一种组织结构形式，权力集中于"中央"，企业老板一手抓，决策一言堂，正式化程度低，权力链条明晰，等级制度森严。直线型组织结构主要适用于企业初创期、小规模阶段和业务活动简单的企业，随着企业规模不断发展和壮大，直线型组织结构逐渐显露出弊端。创业初期的小企业往往采用这种组织形式。例如，大学校友创办的小酒吧，其老板就身兼数职，身兼采购、销售和财务等数职。

2. 职能型组织结构

职能型组织结构以专业分工为原则进行职能部门设置，是一种实行专业分工管理的组织结构形式。组织依照专业分工设置职能部门，职能部门主管对部门内部的员工进行直接管理，下达命令和指示，直接指挥下属。下属既要服从直线领导指挥又得接受上级各职能部门的指挥。职能型组织结构更适合计划经济的企业，必须经过改造才能应用于市场经济下的企业。

3. 直线—职能型组织结构

直线—职能型是直线制和职能制的整合，一方面设置直线职能部门，另一方面设置参谋职能部门，高层领导统一指挥直线职能部门和参谋职能部门，参谋职能部门只能直接指挥部门内部的员工，不能直接向直线部门的员工下达命令，只能起到智囊作用。

基于专业分工设计的直线—职能型结构有助于提高组织管理效率，是多数企业常用的组织结构。但存在其局限性，当企业规模逐渐扩大时，职能部门过多会带来一些问题，如各部门间的横向沟通协作变得更加复杂和困难；各项工作的请示、汇报会增加领导者的工作量，使他们不能将精力更多地放在企业管理的重大问题上。

4. 事业部制组织结构

随着企业规模日益壮大，产品种类越来越多，业务经营区域不断扩张时，直线—职能型组织结构难以满足经营需要，事业部制便应运而生。按照产品、地区、顾客等标准设置企业事业部，每个事业部成为一个相对独立的经营单位，具有较大的经营权力，自主经营，独立核算，自负盈亏。总公司对事业单位的管理主要通过颁布企业重大方针政策、任免重要管理者和利润调控对事业部进行管理。多元化经营、大型企业集团、市场需求变化快和适应性灵活的企业多采用事业部制结构。

5. 矩阵型组织结构

该结构以完成特定项目和任务为目的，从各个职能部门抽调专业人员组成临时项目管理小组，便于实现各个领域专家的快速、无缝合作，及时响应客户需求。项目或任务完成之后，项目小组立即解散，各领域专家回归所属职能部门。因此，矩阵型组织结构中，员工受到双头领导，一方面项目经理可以对项目成员发号施令，另一方面，职能部门主管也能对项目成员行使直线职权。多头领导会导致矩阵型组织结构的领导混乱，影响工作效率[3]。

6. 多维立体组织结构

多维立体组织结构，也称为多维组织，是矩阵型和事业部制的结合体。在矩阵型组织结构(即二维平面)基础上构建建立第三维管理机制，如产品利润中心、地区利润中心和专业成本中心等，这三种管理机制共同构成的三维立体结构即多维立体组织结构。这种组织结构更适用于信息时代和知识经济对企业的要求，需要组织各部门通力合作，推动技术创新，以应对环境不断变化、技术迭代加快和顾客挑剔的市场挑战。多维立体组织结构进一步打破传统组织结构僵化，部门壁垒森严，犹如"铁路警察各管一段"的弊端。此结构的最大特点是组织内具有群策群力、共商共享和共同决策的协作关系。

7. 模拟分权型组织结构

模拟分权型将本来不能成为业务单元的部门当作业务单元，通过授予它们尽可能多的自治权，让它们拥有自己的管理职能部门，承担利润的损失。它们之间用内部转移价格互相购买和销售产品，外部市场决定不了价格，而是由内部行政命令决定的。或者，它们的利润是由内部成本分摊来决定的，通常是在成本的基础上加一定的标准费用[4]。这些生产单位自主经营、自负盈亏，源于对利益的追求而不断努力创新，最终使得企业生产经营管理得到改善。在一些工业企业，如大型化工企业，以及一些服务业，如银行、医药、保险等都适用于模拟分权型组织结构。

8. 网络型组织结构

随着现代信息技术的发展，一种新型组织结构逐渐形成，称为网络型组织结构。企业化身为一个节点，与其他企业节点(供应商、分销商、顾客、同行、研发机构、大学、政府、公众等)紧密合作，共同构建了一张企业网络，它们在网络中共享生产信息、技术、渠道、顾客和财务等，将个人生存竞争演化为网络生存竞争。这张网能够让企业更快速地捕捉行业变化、更迅速地凑集资金和研发合作，利用外包和共生体系完成低成本制造、共享分销渠道，完成快速分销等[5]。网络型组织将精力集中于自身最擅长的活动，将其他职能外包给其他组织，通过"购买"来实现其他活动，这种形式有更高的灵活性。

越来越多的企业开始在不同程度上使用网络型组织结构。如劳动密集型企业通过外包或者代工完成网络合作；时尚运动品企业也广泛地采用网络组织，如 NIKE 公司。

5.2 设计组织结构

组织结构设计是为了实现预期的目标，通过科学合理地规划组织中的分工模式和协作关系等方面，使组织活动能够更系统地展开，通过整合优化组织资源，确定组织在每个发展阶段的管理模式，最终使组织资源价值得到充分实现，组织效益得到最大化。

随着经济社会的发展，企业组织也有了新的观念看法。企业组织设计的实质是组织变革的过程，它对企业的职位、权利、流程和任务进行有效组合和协调，以便满足企业适应外界环境变动，保持和提升企业竞争力的目的。

5.2.1 组织结构设计的主要内容

组织结构是在分工协作基础上对员工拥有的权责利形成的动态结构，目的是实现组织的战略目标，它随着组织内外部环境、战略目标的变动而进行调整。

主要包含内容如下：

(1) 职能设计。职能设计主要是界定企业经营范围和管理职能。如组织中存在不合理的职能，需要及时进行调整——对其弱化或取消。

(2) 框架设计。框架设计是企业组织设计的主体，简单来说就是纵向设计组织层级、横向设计组织部门。

(3) 协调设计。协调设计是确立企业沟通、联系与配合方式的过程。企业的专业分工会导致沟通障碍，如纵向管理层级过多，导致信息传递失真，部门间的藩篱导致"各家只扫门前雪"，从不交流信息和合作。协调设计就是为了研究企业各层级间、各部门间以何种方式协调,以更好地高效配合,最大限度地发挥组织结构的优势。

(4) 规范设计。公司管理规章制度的确定表明了公司对各种行为规范的要求。设计管理规范是为了让各层次、部门、岗位按照统一的要求和标准配合企业的各项活动。

(5) 人员设计。人员设计是指设计管理人员。企业的正常运行是由人员来实现的,因此企业需对人员进行设计,即根据企业的整体情况配备相应的数量和质量的人员。

(6) 激励设计。激励设计是指设计激励制度,其中包括正激励和负激励。正激励包括工资、福利等,负激励包括各种约束机制,主要指的是惩罚制度。激励制度有利于调动人员的积极性,同时也为了避免不正当和不规范的行为产生,使得企业战略目标能更好地得到实现。

5.2.2 组织结构设计的流程

企业组织结构设计是一个动态过程,需要经过设计、实施、反馈再修正的循环过程,设计思路分为六个基本步骤:

第一步,在评估企业内外部资源和环境的基础上,对企业环境做深入分析。

第二步,通过组织环境分析,对企业自身的竞争优劣势进行研究,选择组织的战略模型,确定组织的战略目标。

第三步,严格执行组织制定的战略,分析公司的价值链,在明确企业主要价值链与辅助价值链的前提下,对公司职能进行二次分解和细化,使得各部门的职权更明确。

第四步,基于工作分析确立企业各类岗位、部门职责,分类归属,划分组织结构,搭建企业组织结构总体框架、勾勒组织结构图。然后根据权责匹配原则对各部门权限进行具体的细化与明确。对各类岗位划分、部门职责和任职资格的界定经过实践检验,形成可操作性的文件,即岗位说明书,用于指导员工明确掌握工作范围、职权、责任和应具备的职业技能等。

第五步,经过多轮检验并修正后的组织机构图、组织管理文件和岗位说明书可供组织使用。

第六步,根据内外部环境的变化对组织结构进行动态调整。

5.3 组织结构变革

组织结构变革的根本原因就是环境的"变"。没有哪家企业从诞生之日起就处于一成不变的环境。从 IT 市场消失的摩托罗拉和 SUN、曾经大街小巷随处可见的柯达照相馆,已经消失得无影无踪……领导者们必须面临一个无奈的现实:那就是"不改则退"。企业如果不能够及时调整组织结构，进行组织变革，就不要妄图在市场竞争中生存，甚至获得竞争优势。

这就要求企业时刻关注组织变革；同时企业要寻求发展就不能坐以待毙，就需要依靠组织变革。组织变革是指企业根据环境、战略变化调整自身的组织层级、组织规模、权力链条、沟通方式及与组织外部合作伙伴间的合作关系等，使企业适应自身所处的内外部环境、企业技术状况和组织任务等变化，进而提高组织效能。

5.3.1 组织变革的表现及征兆

企业必须建立敏锐的预判系统，感受组织变革的征兆。当组织出现以下征兆的时候，企业应考虑是否进行组织变革。

(1) 经营业绩表现不佳：经营业绩下滑，表现为市场占有率缩小，产品质量下滑，废品率上升，资源利用率下滑，浪费情况严重，企业运行中资金链断裂；企业生产经营缺乏创新精神，如采取新战略时缺乏配套的适应性措施，企业发展无新的管理办法或者实施管理办法中困难重重，企业不能顺应外部环境生产新产品，并且没有对现有的技术及时更新。

(2) 企业组织方面：组织决策缓慢、组织行动迟缓、指挥失灵、信息沟通不畅、组织官僚机制严重、人浮于事、岗位职责重叠模糊、管理效率低下等。

(3) 员工方面：职工士气低落，怠工情绪高涨、员工满意度下降、离职率增加，员工归属感不足、员工忠诚度不高等。

5.3.2 组织结构变革的策略

组织变革不单单涉及一两个方面，它涉及多方面的关系，是一个系统工程，因此需要相关策略的指导。

1. 变革的方针策略

(1) 积极慎重的方针。即要做好调查，做好宣传，并积极推行。

(2) 综合整治的方针。即组织变革工作与其他工作要相互配合，主要指组织任务、技术、人员变革。

2. 变革的方法策略

(1) 改良式的变革。在原有的组织结构的基础上进行微调与修复，不涉及组织结构的根本性变动，调整幅度有限。由于组织变动不大，涉及人员范围和利益有限，相对来说，变革阻力最小，容易操作，但它只是在组织结构表面或微观层面进行的改良，没有整体组织战略规划调整的支撑，只是就问题解决问题，无法解决组织结构落后的症结，是一种权宜之计的改良。

(2) 爆破式的变革。战略调整、组织结构重大调整需要爆破式变革，会发生根本性质的改变，变革迅速，周期较短。一般来说，关键时期会采用这种变革方式，如公司经营状况严重恶化，温和的改良已不能解决问题，一般都是比较极端的情况。这种方式要慎用，因为这种方式会给公司带来非常大的冲击。

(3) 计划式的变革。企业有足够的时间准备变革的情况下，可以采用这种方式，有计划、有步骤地开展。充分调研现有组织结构的优缺点，确立组织变革领导小组，制定组织变革备选方案，有步骤、有计划地展开变革。这种方式有利于企业长期发展规划的要求，有时间弹性又易被员工接受。

5.4 组织结构设计与变更实训

组织结构(organizational structure)是指对于工作任务如何进行分工、分组和协调合作。组织结构是表明组织各部分排列顺序、空间位置、聚散状态、联系方式以及各要素之间相互关系的一种模式，是整个管理系统的"框架"。

组织结构是组织的全体成员为实现组织目标，在管理工作中进行分工协作，在职务范围、责任、权利方面所形成的结构体系。组织结构是组织在职、责、权方面的动态结构体系，其本质是为实现组织战略目标而采取的一种分工协作体系，组织结构必须随着组织的重大战略调整而调整。

在本次实训系统中，组织结构设计与变更包括：组织结构类型、组织结构设计流程和组织变革。针对组织结构设计与变更中的每一个方面，系统都给出了相应的实训练习来供学生进行实践操作，学生应在充分掌握各部分计划的理论知识之后开始实训练习，完成本次实训。

登录系统之后，在左侧任务栏选择"组织结构设计与变更"，如图5-1所示，单击相应的项目可开始对应的实训。

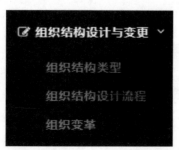

图5-1 组织结构设计与变更

5.4.1 组织结构类型

进入系统后,在"组织结构设计与变更"下单击"组织结构类型",可看到组织结构一般有 8 种类型:直线型组织结构、职能型组织结构、直线—职能型组织结构、事业部制组织结构、矩阵型组织结构、多维立体组织结构、模拟分权型组织结构和网络型组织结构,如图 5-2 所示。

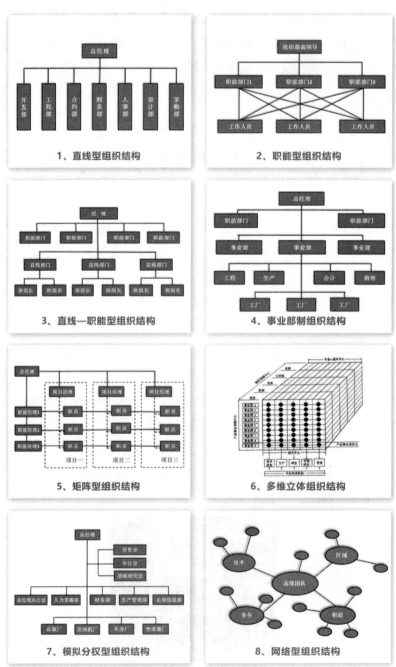

图5-2 组织机构的类型

在这一界面中,学生可以单击 8 种组织结构中的任意模块来查看对该组织结构的介绍,简要了解这种组织结构的优缺点。

学生将鼠标指针移到直线型组织结构模块上,当该模块略微放大后,用鼠标单击,弹出如图 5-3 所示的页面。

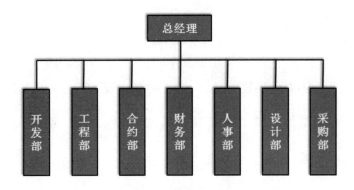

图5-3　直线型组织结构

从该界面中可知,直线型是最简单的一种组织结构形式,权力集中于"中央",企业老板一手抓,决策一言堂,正式化程度低,权力链条明晰和等级制度森严。直线型组织结构主要适用于企业初创期、小规模阶段和业务活动简单的企业,随着企业规模的发展和壮大,直线型组织结构逐渐显露出弊端。创业初期的小企业往往采用这种组织形式。它的优点是结构比较简单;责任与职权明确(权力集中,责任分明,命令统一,控制严密,信息交流少)。缺点是在组织规模较大的情况下所有管理职能都集中由一个人承担,比较困难;部门间协调差。这样的组织结构适用于劳动密集、机械化程度比较高但规模比较小的企业。

以同样的方式让学生单击职能型组织结构,弹出的组织结构图如图 5-4 所示。

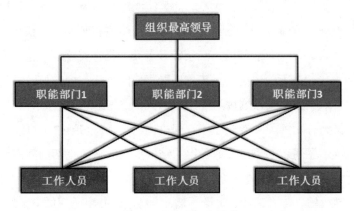

图5-4　职能型组织结构

从该界面可得,职能型组织结构与直线型组织结构不同,职能型结构以专业分工为原则进行职能部门设置,是一种实行专业分工管理的组织结构形式。组织依照专业分工设置职能部门,职能部门主管对部门内部的员工进行直接管理(如下达命令和指示)，直接指挥下属。下属既要服从直线领导指挥，又得接受上级各职能部门的指挥。这种组织的优点是分工带来了专业化水平和专业化效率；每个职能部门专注于一个业务领域，充分发挥了专家的作用；职能部门起到智囊参谋作用，减轻了直线领导的工作负担，使其有更多的时间和精力考虑组织重大战略问题；职能部门设置清晰合理，有利于选拔各种职能部门的管理人才。缺点是存在直线部门领导和职能部门领导的多头领导，指令下达混乱，导致下属无所适从，不利于统一指挥原则的执行；直线部门与职能部门之间权责不清，难以协调；过度分工导致员工视野狭窄，缺乏全局观，不利于对全面管理型人才的培养；组织结构容易僵化，决策迟缓，不适应在动荡的环境中生存。因此可以说职能型组织结构只适用于计划经济体制下的企业，必须经过改造才能适用于市场经济下的企业。

单击直线—职能型组织结构，弹出的组织结构图如图5-5所示。

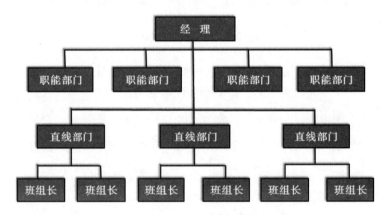

图5-5　直线—职能型组织结构

在这一界面中，学生将了解关于直线—职能型组织的相关概念和使用范围。直线—职能型组织也叫生产区域制或直线参谋制。直线—职能型是直线型和职能型的整合，一方面设置直线职能部门，另一方面设置参谋职能部门，高层领导者统一指挥直线职能部门和参谋职能部门。参谋职能部门只能直接指挥部门内部的员工，不能直接向直线部门的员工下达命令，只能起到智囊作用。当前大多数企业都采取这种组织结构形式。这种组织结构形式的优点是确保了组织的集中统一管理，又充分发挥了各专业职能管理机构的作用。它吸收了直线型和职能型两种组织结构的优点，也继承了两者的不足。这种组织结构形式的缺点是部门间沟通协作较差，部门内部存在严重的"隧道视线"，不能从全局看企业的发展，只注重部门的利益和发展；职能部门内部层层上报，导致信息传递速度、质量下降，容易造成办事效率低下。为了克服这些缺点，可以设立各种沟通机制，如综合委员会、会议制度，来协调各部门的工作，保证完成组织目标，而不仅仅是完成部门目标。总的来说，这种组织结构适用于规模中等的企业，随着规模的进一步扩大，将倾向于更多的分权。

在结束对于直线—职能型组织结构的学习后,关闭该界面,回到选择组织结构模块界面,如图 5-2 所示。选择第四块,事业部制组织结构,所打开的界面如图 5-6 所示。

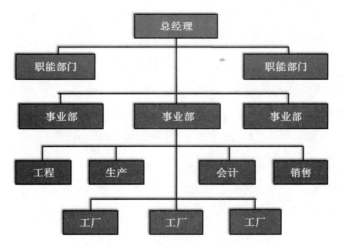

图5-6 事业部制组织结构

根据界面介绍,事业部制组织结构所体现的特点是集中决策、分散经营、自主经营、独立核算,这种模式更多地被跨国公司采用。这种组织结构的优点是有利于新产品的研发;增强生产弹性和灵活性;将总经理从琐碎的日常事务中解放出来,集中组织战略发展决策;有利于培养全面具备视野和多种技能的接班人。但这样的组织结构在满足大型企业组织结构的需求后,也带来了一些比较大的问题,如沟通成本提升,决策与执行效率下降;管理人员数量和管理成本增加。这样的情况会使得管理层从扁平型结构向高耸型结构转变。而大型公司和跨国企业的首要任务是维持内部结构的稳定,故公司使用这样的组织结构时,管理层应该慎重设计战略事业单位的规模、分权和集权的程度、职能权力与责任的界定,考核指标多元化。

介绍完在企业中比较常用的四种组织结构之后,把目光转向后面四种适用情况比较复杂的组织结构,先单击矩阵型组织结构模块,弹出的界面如图 5-7 所示。

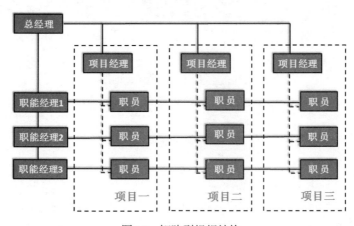

图5-7 矩阵型组织结构

如界面中所看到的,矩阵型组织结构是以完成特定项目和任务为目的,从各个职能部门抽调专业人员组成临时项目管理小组,便于实现各个领域专家的快速、无缝合作,及时响应客户需求。这是一种员工要面对两重职权的组织结构,它有按职能划分的垂直领导系统;又有按项目划分的横向领导系统的结构。它的优点在于高度灵活,能够最快速将组织的垂直联系与横向联系整合到一个项目小组,在项目小组内部打破组织间的藩篱,以顾客需求为导向,无缝联结、紧密合作,有利于通用型人才的培养。同时,当项目或任务完成之后,项目小组立即解散,各领域专家回归所属职能部门。因此,矩阵型组织结构中,员工受到双头领导,一方面项目经理可以对项目成员发号施令,另一方面,职能部门主管也能对项目成员行使直线职权。多头领导会导致矩阵制组织结构的领导混乱,影响工作效率。总而言之,这种模式适用于集权、分权优化组合,员工素质较高,而技术复杂的企业。

在结束对于矩阵型组织结构的学习之后,单击多维立体组织结构模块,弹出的页面如图5-8所示。

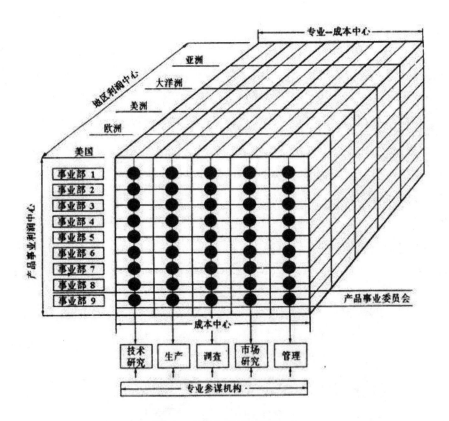

图5-8 多维立体组织结构

从该界面中可知,多维立体组织结构又称多维立体矩阵制,是矩阵制与事业部制的有机结合,形成了以产品、地区和职能三类管理机构的中心部门,不能各自为政,必须协调行动。从优点上看,多维立体组织结构做到了集思广益,共同决策;最大限度地满足客户;以分权为基础，确保目标实现；多种产品线之间共享人力资源；满足复杂决策的需要。这是一种适用于跨国公司以及跨地区大公司的组织结构，但同时它的劣势也十分明显，就是对于员工的素质要求较高以及需要高的沟通成本。从组织结构上看，员工面临三重职权，无所适从；员工需要高强度的训练；部门之间横向协调难；需要频繁召开会议协调关系，决策效率低。

完成对多维立体组织结构模块的学习后，单击右上角的关闭按钮，回到选择模块界面。接下来，我们选择模拟分权型组织结构。单击模拟分权型组织结构模块，如图5-9所示。

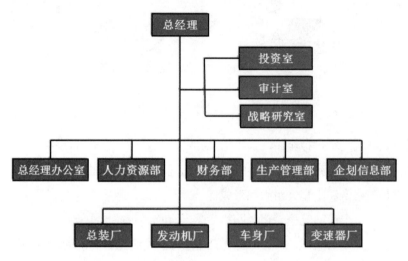

图5-9　模拟分权型组织结构

这一界面简要介绍了模拟分权型组织界面的概念以及相关内容。模拟分权型组织界面是一种介于直线型职能制和事业部制之间的结构模式。在组织内部模拟"事业部制"，各个部门实行自主经营、独立核算，成为事实上的"生产单位"。通过这种形式，可以最大限度地调动各个部门的生产经营积极性，改善企业规模膨胀带来的不易管理问题。企业高层将部分权力下放给生产单位，减少日常琐碎的行政事务，将更多的精力用于企业战略发展问题上。这种组织结构的不足是：模拟生产单位的职责任务边界难以划分明晰，容易给考核带来困难；各个模拟单位容易只注重自己单位的利润和利益，忽视组织的整体利益，因而在信息沟通和决策权力方面存在缺陷。这种组织结构模式主要适用于化工、钢铁等生产过程具有高度连续性和生产经营性活动很强的大规模企业。

在完成模拟分权型组织模块的介绍之后，单击右上角的关闭按钮，返回组织结构模块选择界面。单击网络型组织结构模块，弹出的页面如图5-10所示。

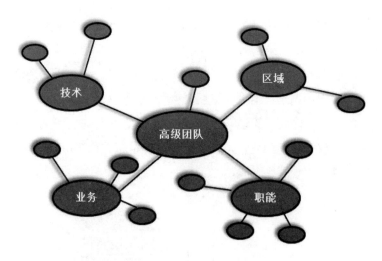

图5-10 网络型组织结构

网络型组织结构又称虚拟组织，是以信息和通信为基础，以企业网络为竞争环境，通过嵌入企业网络、获得网络资源、与网络中的其他组织同命运共生存的经济联合体。这种网络型组织结构的优点是网络资源丰富、组织间形成优势互补关系；组织间异质资源交互，有利于网络创新的产生；从单个企业的竞争转化为网络竞争，有利于企业核心竞争力的提高。同时网络型组织作为一种很小的中心组织，依靠其他组织进行其他关键业务的活动。在网络型组织结构中，组织的大部分职能从组织外部购买，使得组织集中精力做擅长的事情。由此可知这种组织结构的缺点有容易丧失控制权，知识易被泄露，跨文化协调障碍，跨组织沟通协调困难，出现诚信问题等。

5.4.2 组织结构设计流程

进入系统后，在"组织结构设计与变更"下单击"组织结构设计流程"，在这一部分，学生将运用在上一部分学到的关于组织结构各种类型的理论知识，再结合系统案例，对问题给出分析，完成整个实训流程。

第一个流程是选择符合案例企业的组织结构类型。在这一道题目中，学生一共有4种类型的组织结构可以选择，分别是直线型组织结构、职能型组织结构、直线—职能型组织结构和事业部制组织结构，如图5-11所示。

图5-11 组织结构选择

在了解完问题之后,学生单击右上角的"系统案例"按钮,进入系统案例界面。这是一个关于上通电信设备有限公司人力资源规划的案例,案例包括企业基本情况、市场环境、战略规划、组织结构、人力资源现状和费用规划几个部分。由于学生当前所做的是关于组织结构设计方面的实训,故我们把界面转向组织结构部分。从"上通电信设备有限公司对组织结构进行了重大调整,由以往集权式结构向直线职能结构改变"和"在原有的直线职能制上,逐步推行了事业部制"这两个案例可以得知,上通电信设备有限公司在起初发展时是采用集权式结构和直线职能结构的,但随着公司的发展和业务部门的扩大,原来的组织结构已经渐渐跟不上公司的需求。随着原本计划经济转变为市场经济,竞争程度也日渐激烈起来,在这样的情况下,适用于计划经济的直线职能组织也不能得到有效发挥。而这时候,事业部制组织结构能很好地满足企业的需求。事业部制的优点有:新产品研发速度快,生产灵活,有利于在市场上获得竞争优势,在日渐激烈的市场竞争中有一席立足之地;可以将权力科学地分配下去,减少总经理的负担,让其将更多的时间投向更长远的战略发展上,而不是放在日常的行政管理上。故学生在此流程中,应该选择的是事业部制组织结构,选择完后,单击"提交",完成此步流程,如图5-12所示。

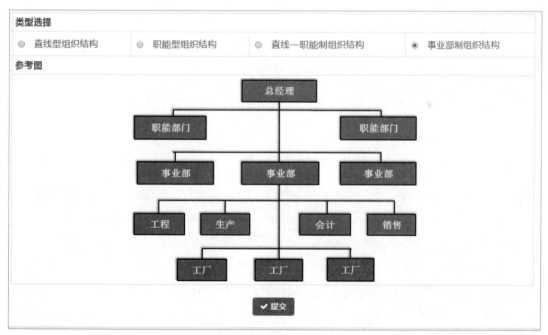

图5-12 提交

在学生端提交完成之后,单击下方变为绿色的"解析"按钮,便可查看答案,以此校对自己的思路。之后单击右下角的"下一步"按钮,进入下一流程,选择部门。

在这一步骤中，学生要根据系统案例，从给出的部门中选出企业需要设立的部门，如图5-13所示，这是一道多选题。

图5-13　选择部门

在系统案例中的组织结构部分曾提到过，总公司下设五个分部门，分别是人力资源部、财务部、营销部(下设区域管理部、产品行销部、客户管理部、市场部)、技术部、生产部。在这一流程中，我们从给出的部门中选择案例企业需要设计的这五个部门。

选择这五个部门并进行提交，之后单击"解析"，弹出解析界面，如图5-14所示。

图5-14　选择部门

接下来绘制组织结构图。在这一步骤中，学生要根据上一步所选择的企业应该设置的部门和系统案例，绘制完成系统企业的组织结构图。从上一步骤中可知，学生所选择的部门有"财务部""生产部""技术部""营销部"和"人力资源部"。而从系统案例中可得出，在营销部下设有"区域管理部""产品行销部""客户管理部""市场部"，故我们可以得到这样一张组织结构图：最上层是总经理一层，在总经理下设有"财务部""生产部""技术部""营销部"和"人力资源部"，在营销部下设置有"区域管理部""产品行销部""客户管理部""市场部"这几个部门。学生按照这样的想法，在绘制组织结构图界面中绘制组织结构图，如图5-15所示。

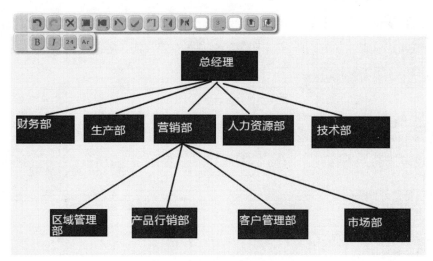

图5-15　绘制组织结构图

5.4.3　组织变革

组织变革是由于内外部环境变化导致的，为了适应这样的环境，需要及时地对组织中的一些要素进行改变。这些要素可能包括组织领导人的理念、企业的文化愿景甚至是技术革新，但在本次实训过程中，学生主要接触到的是关于组织结构的变革。因此，进入系统后，在"组织结构设计与变更"下单击"组织变革"。

而在组织变革中，最重要的莫过于对于变革推力和阻力的把控。无疑，在每次的组织变革过程中，总会动摇他人的利益或是打破一些员工的传统观念。这会使得他们失去安全感，即使一个组织中有着渴望打破传统、改革创新的人，但那些不愿改革的人依旧会带来较大的阻力。对于这样的现状，企业有两种解决的办法：激进式和渐进式。前者以极快的速度完成整个变革过程，这种变革方式对于企业来说是大幅度的、全面的。这种方式能以最快的速度完成整个变革过程，但同时它带来的风险也是巨大的。很明显，在掌控不住这样的调整时，会导致组织的平稳性降低，甚至导致崩盘。与之相反，渐进式所带来的调整是持续的、小幅度的，讲究步步为营。渐进式有利于维持企业组织的稳定性，但这样的方式无法快速完成整个变革过程，会导致变革时间无限延长。

这两种方式分别代表了管理层对于组织稳定性和改革速度两者的选择，而一般在现实生活中，企业都会在这两个极端的点之间选择一种适合自己企业的变革方式，既能保持企业组织的稳定性，又有一定的改革速度。

而在"组织变革"中,学生将根据自己所学的理论知识和系统案例,了解组织变革的一整套流程,完成组织变革实训部分。组织变革实训界面如图 5-16 所示。

图5-16 组织结构诊断

组织变革的第一个问题是关于组织结构的诊断,学生要根据系统案例,从两个方面简述企业需要进行组织变革的原因和征兆。这两个方面是企业经营环境变化和企业内部条件变化。首先从企业经营环境角度来看,学生根据系统案例的"市场环境"和"组织结构"两个部分可以了解到,自从 2008 年金融危机之后,西方国家对于通信设施的投入减少,给上通公司带来了不小的竞争优势,同时处于计划经济时代,缺乏竞争对手,导致市场上一支独大。这使得上通公司在世界市场上排名第九。但随着计划经济向市场经济的转变,竞争对手出现,行业竞争加剧,同时在国外经营过程中,错误地沿用了国内的经营模式(国内向国外派出销售团队,并与电信运营商洽谈的直销模式),导致在发达国家根本行不通。综合以上所述,当前企业经营环境是这样的:移动通信市场变化快,先入为主优势消失,市场竞争渐趋激烈;越来越多的竞争对手不断侵占市场份额。

而从企业内部条件变化来看,学生从系统案例中的"组织结构"部分可以了解到,上通公司在意识到自身的结构已经渐渐不能满足公司的需要之后,的确也做出了一些改变:从开始的集权制向直线—职能制结构改变,后来又在原有的直线职能上逐步推行了事业部制。但是这样的变化并没有给公司带来质的飞跃,反而造成了不少困难。随着公司规模不断壮大,产品类型越来越丰富,统一销售导致产品生产和销售脱节,经营业绩不升反降。虽然企业采取措施,在直线职能制上,推行了事业部制度,但公司的传统组织结构没有发生大的变化。如营销部下设置有区域管理部、产品行销部、客户管理部和市场部,但营销部门分部的部长均由总部长兼任,使得营销部实质上仍然是直线职能制组织结构。各个部门领导集权现象严重，领导的管理幅度过大，导致其精力分散，无法顾虑公司的长远发展。

故综上所述，学生可得出结论，在企业内部是这样的：随着公司规模不断壮大，产品类型越来越丰富，统一销售导致了产品生产和销售脱节，经营业绩不升反降。虽然企业采取措施，在直线职能制上，推行了事业部制度，但公司的传统组织结构没有发生大的变化。竞争日益加剧，现有组织结构无法满足公司的发展，亟需新型组织结构出现。

学生完成相关的题目之后，将题目答案填写在相应的填空框中，单击"提交"。之后单击下方的"解析"按钮，弹出解析界面，如图5-17所示。

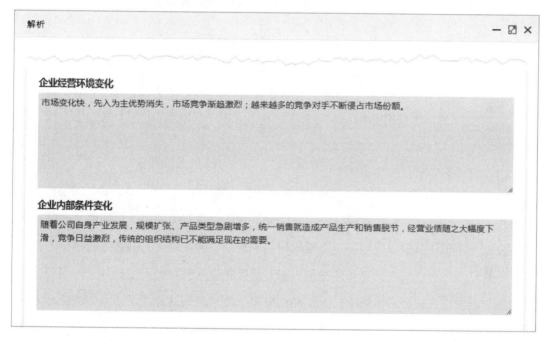

图5-17　组织结构诊断解析界面

在学生比较完解析与自身答案后，进入下一流程。学生单击"下一步"，进入"变革准备"流程。在变革准备这一流程中，学生需要思考两个问题：①根据案例内容，思考该公司目前适用怎样的变革方式；②组织变革必然面对重重阻力，为使变革顺利开展，需要清楚组织中的变革阻力来自哪，可以采用什么措施排除组织变革的阻力。组织变革准备的页面如图5-18所示。

> （1）根据案例内容，思考该公司目前适用怎样的变革方式：（单选）
> - 改良式变革
>   这种变革方式主要是在原有的组织结构基础上修修补补，变动较小。
>   它的优点是阻力较小，易于实施，缺点是缺乏总体规划、头痛医头，脚痛医脚，带有权宜之计的性质。
> - 爆破式变革
>   这种变革方式往往涉及公司组织结构重大的、以致根本性质的改变，且变革期限较短。
>   一般来说，爆破式的变革适用于比较极端的情况，除非是非常时期，如公司经营状况严重恶化，一定要慎用这种变革方式，因为爆破式的变革会给公司带来非常大的冲击。
> - 计划式变革
>   这种变革方式是通过对企业组织结构的系统研究，制订出理想的改革方案，然后结合各个时期的工作重点，有步骤，有计划的加以实施。
>   这种方式的优点是：有战略规划、适合公司组织长期发展的要求；组织结构的变革可以同人员培训，管理方法的改进同步进行；员工有较长时间的思想准备，阻力较小。
>   为了有计划的进行组织变革，应该做到以下几点：专家诊断，制定长期规划，员工参加。
>
> （2）组织变革中必然会遇到阻碍因子，为保证变革的顺利进行，需要事先采取如下相应措施排除组织结构变革的阻力：（备选项）
> - ☐ 让员工参加组织变革的调查、诊断和计划,使他们充分认识变革的必要性和变革的责任感。
> - ☐ 大力推行与组织变革相适应的人员培训计划,使员工掌握新的业务知识和技能,适应变革后的工作岗位。
> - ☐ 大胆起用年富力强和具有开拓创新精神的人才,从组织方面减少变革阻力。
> - ☐ 完善各项基础工作,建全各项规章制度,明确部门职责权限,规范部门和员工的行为。
>   + 增加

图5-18 变革准备

学生从系统案例中的组织结构部分可以得知，上通电信设备有限公司染上了"大企业病"，病症是组织响应迟缓，管理效率低。公司各层级员工远离客户，脱离市场，缺乏对公司整体运营的管控，各守其位；缺乏大规模企业管理经验，导致管理僵化、缺乏灵活性。因此，小规模的改良式变革无法从根本上纠正现有组织结构的弊端，解决企业的问题。而对比改良式变革这样临时性的带有权宜之计色彩的变革方式，爆破式变革就是另一个极端了。这种方式要求企业在短时间内完成公司本质上的组织结构变革，但考虑到这种变革方式的冲击比较大，除非是在企业的非常时期，否则一定要谨慎使用。而对于系统案例的上通公司而言，即使它的组织结构已经不太适应市场和公司需求，但还没有到危急存亡的时刻，并不需要冒着公司组织崩盘的风险，在短时间内改变公司组织结构。计划式变革是一种比较适合上通公司的变革方式，这种方式的主要侧重点在于，对整个公司的组织结构进行系统研究，再制定出适合该公司的变革方案。在时间上给企业一定的缓冲期，不会像爆破式变革那样短时间内有着大的变化，也不会像改良式变革一样缺乏总体规划，只是临时性地修修补补。所以在这样的情况之下，公司应该采用计划式变革的方式来对组织进行变革。学生在题目中选择"计划式变革"，如图5-19所示。

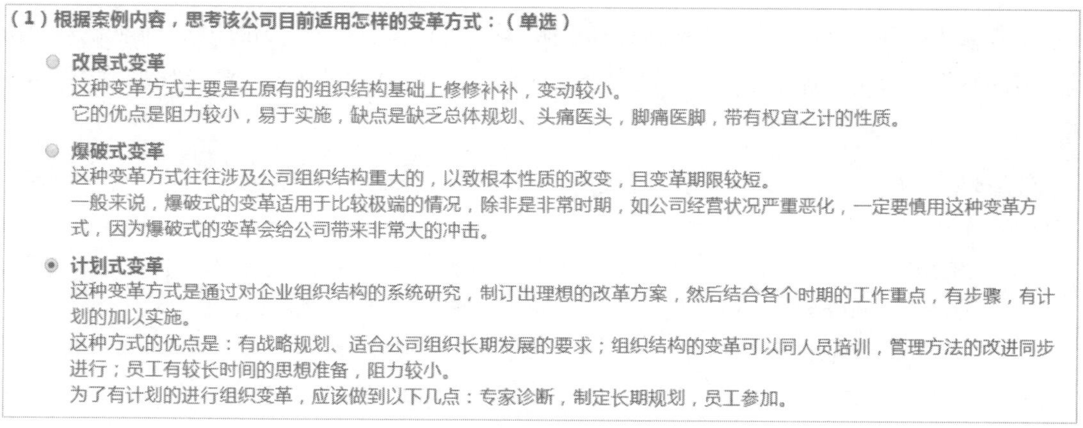

> （1）根据案例内容，思考该公司目前适用怎样的变革方式：（单选）
>
> ○ 改良式变革
>   这种变革方式主要是在原有的组织结构基础上修修补补，变动较小。
>   它的优点是阻力较小，易于实施，缺点是缺乏总体规划、头痛医头，脚痛医脚，带有权宜之计的性质。
>
> ○ 爆破式变革
>   这种变革方式往往涉及公司组织结构重大的，以致根本性质的改变，且变革期限较短。
>   一般来说，爆破式的变革适用于比较极端的情况，除非是非常时期，如公司经营状况严重恶化，一定要慎用这种变革方式，因为爆破式的变革会给公司带来非常大的冲击。
>
> ● 计划式变革
>   这种变革方式是通过对企业组织结构的系统研究，制订出理想的改革方案，然后结合各个时期的工作重点，有步骤，有计划的加以实施。
>   这种方式的优点是：有战略规划、适合公司组织长期发展的要求；组织结构的变革可以同人员培训，管理方法的改进同步进行；员工有较长时间的思想准备，阻力较小。
>   为了有计划的进行组织变革，应该做到以下几点：专家诊断，制定长期规划，员工参加。

图5-19 选择"计划式变革"

在上文中提到过，组织变革中最关键的部分就是对于阻力和推力的把控。减小变革的阻力，加大变革的推力，能够很大程度上减少组织变革的风险和成本，加大其收益和加快速度。那么，对应系统所给出的案例，学生应该如何排除组织变革的阻力呢？

第一项"让员工参加组织变革的调查、诊断和计划，使他们充分认识变革的必要性和变革的责任感"。让员工参与到组织变革的过程中去，不仅可以使他们明白组织变革的必要性，也可以让员工有被人尊重的感觉，以此排除部分组织结构变革的阻力。

第二项"大力推行与组织变革相适应的人员培训计划，使员工掌握新的业务知识和技能，适应变革后的工作岗位"。在推行组织变革的过程中，有一部分阻力来自于员工对于变革后组织结构所对应岗位的 恐惧感，他们害怕自己因为不熟悉新的岗位技能而被辞退。通过培训让员工熟练掌握新的业务知识与技能，顺利适应变革后的岗位要求，可以在一定程度上减少变革的阻力。

第三项"大胆起用年富力强和具有开拓创新精神的人才，从组织方面减少变革阻力"。这样的方式的确能够推进组织变革的速度，但是这样的方式同时也带来了不好的方面。当组织引进新的创新型人才时，会加重现有人才的焦虑感和恐慌感，他们害怕自己会不适应组织变革之后的岗位，害怕公司人才之间的竞争。故在公司内部，引进年轻的具有创新能力的人才确实是对组织变革有所帮助，但增加了组织内部员工的恐慌，增加了组织结构变革的阻力。

第四项"完善各项基础工作，健全各项规章制度，明确部门职责权限，规范部门和员工的行为"。在组织结构变革过程中，组织内部的变革阻力主要来源于两个方面，一是个体和群体的抵触，另一方面是组织层面对变革的阻力。个体和群体对于组织变革的阻力，主要是由其本身的工作岗位、就业稳定性、薪酬待遇、对未知的恐惧感以及群体标准的束缚等引起的。而组织层面的阻力，主要包括组织结构的惯性约束、现有权责结构和薪酬分配体系的重塑，以及固有组织文化的制约等。而该选项就是帮助在组织变革推进的过程中保持组织结构一定的稳定性，这样的方式排除了组织层次方面对组织变革的阻力。

结合上述可得，在此题中学生应该选择"第一项""第二项"和"第四项"，拖动鼠标单击其对应的圆框，单击"提交"按钮。在提交完成后单击"解析"按钮，查看解析，如图5-20所示。

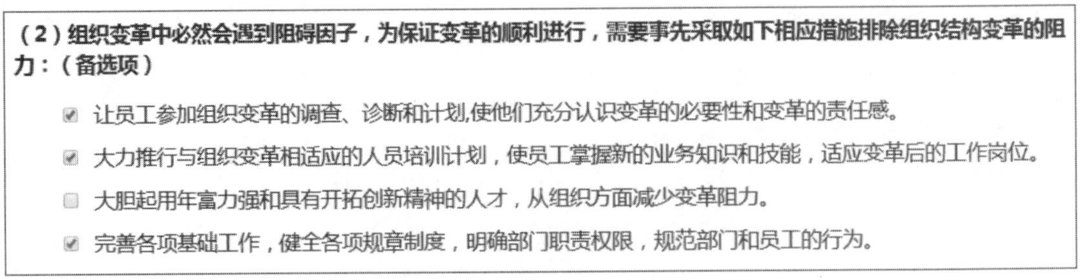

（2）组织变革中必然会遇到阻碍因子，为保证变革的顺利进行，需要事先采取如下相应措施排除组织结构变革的阻力：（备选项）
☑ 让员工参加组织变革的调查、诊断和计划，使他们充分认识变革的必要性和变革的责任感。
☑ 大力推行与组织变革相适应的人员培训计划，使员工掌握新的业务知识和技能，适应变革后的工作岗位。
☐ 大胆起用年富力强和具有开拓创新精神的人才，从组织方面减少变革阻力。
☑ 完善各项基础工作，健全各项规章制度，明确部门职责权限，规范部门和员工的行为。

图5-20 排除组织变革的阻力

在完成以上步骤之后，学生单击"下一步"，进入实施变革流程界面。在这一步骤中，实训系统所给出来的问题是："请根据案例和前述内容，编写案例企业进行组织变革的具体方案"，如图5-21所示。

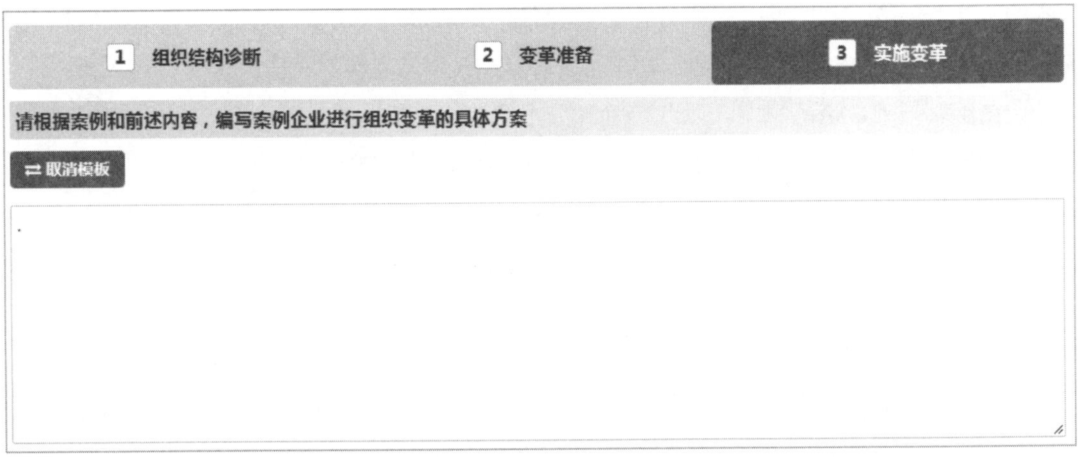

| 1 组织结构诊断 | 2 变革准备 | **3 实施变革** |

请根据案例和前述内容，编写案例企业进行组织变革的具体方案

⇌ 取消模板

图5-21 实施变革

在这一步骤中，学生可以使用模板，单击左上角的"取消模板"按钮，即可切换模板界面进行答题。

首先，根据上个步骤的内容可知，上通公司进行组织变革的方式是计划式变革。上通公司通过对整个公司进行研究，设计出一套适用于整个公司的长期发展规划。让所有公司员工都参加进来，在保证对组织整个结构进行改变的同时，保持一定的推进速度。

其次，学生通过通读整篇系统案例，分析上通公司需要变革的内容。在系统案例中可以得到，上通公司的各个部门集权程度高，高层管理者的管理幅度过大，又忙于日常事务而无暇考虑公司总的经营决策。从外部环境看，计划经济向市场经济转变，市场竞争日益增多，行业竞争加剧。从上通公司的产品上看，上通电信设备有限公司连续数年成为中国申请专利最多的单位，但仅以专利申请数量取胜，却严重匮乏原创产品。研发基础环节薄弱，改良型创新多，原创型创新少。

对此，公司需要做的具体实施方案有，改变企业内部的组织结构，使得职能直线制向事业部制度转变，并且真正地实现事业部制度的管理方式；其次，加强企业的内部控制，尤其是公司的财务管理；最后，为了保证在日益激烈的市场竞争中立于不败之地，组织要不断加强新产品的开发。

故综上所述，企业进行组织变革的具体实施方案如下：

(1) 组织变革的方式：计划式变革。

(2) 需要变革的内容：部门分权不均，信息沟通不及时；更新技术、配件、产品；组织结构的改变。

(3) 变革具体实施计划：改变组织结构；强化内部管理，特别是财务管理；开发新产品。

简答题

1. 组织结构有哪些类型？
2. 简述组织结构设计的流程。
3. 组织变革的策略有哪些？
4. 简述组织设计的主要内容。

案例分析

新商业时代组织变革

当下全球经济处在一个持续低迷的状态，在这个背景下中国经济也正经历着艰难转型。中国企业，尤其是民营企业，亟需提升自身的企业实力和竞争优势，确保在日益激烈的全球竞争中保持健康、迅速的发展。中国新一代企业家们已经意识到，技术产品的创新升级对于企业竞争力的提升是有限的，若辅以企业的在职教育和学习培训，那将提升企业的整体管理水平。

企业的组织管理水准是决定企业能否持续盈利、基业长青的关键点。"教导型组织"被称为"新商业时代组织管理变革的趋势"，使得逐渐学习这一先进管理理念的企业及管理者越来越多。

著名领导力训练专家王东明老师了解到关于GE(通用电器公司)的故事。韦尔奇执掌GE二十多年，他每年都要花1/3的时间在人的培养与使用上面，每年几百次的视频会议，走访工厂或开研讨会，他扮演着老师的角色，不断传递着GE的价值观、战略方向，而他的继任者伊梅尔特也继承了这一传统，以此可以看出领导者的教导很重要，上至高层领导下至基层的经理人员都得重视。王东明老师又分享了一个关于英特尔的故事。

1980年是英特尔的一段困难时期,在这个时期企业长时间未进行新人招聘。在随后3年的高速发展和扩充之后,近半数的管理人员在没有足够的历练就直接升至高位,整个企业几乎抛弃原来那种偏执狂般的文化。为此,英特尔明确要求每个人都要教导后来者。董事长安迪格鲁夫亲自培训新员工和高管,他和公司拥有12~15年工作经历的经理们一起进行教学活动,他们的部分奖金也与此挂钩。

2005年空降到中粮集团的宁高宁也用了"教导"这种方法,在短短数年时间里,将一家传统的外贸型老国企,改造为一家横跨产业链、战略清晰的综合型粮油食品集团。在谈到培训工作时,他说"培训要与团队建设、工作方法和决策形式逐步结合起来,应代表一种科学、系统、参与、投入、透明,团队共同提高的工作态度和方法,从根本上改善组织的工作气氛和习惯,这一点对中粮未来很重要"。正因如此,他自己亲自带领战略研讨会,讲到酣畅之时,甚至在黑板前跪地疾书。

教导型组织是指以人为本,一切以人的成长为核心,以教育和引导为手段,通过"企业学校化、领导导师化"的形式在企业内形成教育培训体系。这种模式在知识增长方式上主要依靠教导,即领导人或其他专业知识的高级代表对下级员工的业务指导、工作技能培训和商业思想传播,因为对于现阶段大部分创业型企业来说,企业领导人往往自身具有极强的业务能力,同时在商业实践中领悟到很多质朴的商业理论和管理知识,因此,领导人不仅有可能做教导,同时其教导也更加适合自身企业情况,从而能使员工快速获得相应知识,并可直接运用于今后的工作中。

教导型组织究竟意味着什么?管理培训专家王东明老师从以下几点进行了简要的剖析:

第一,教导型组织意味着与学习型组织的部分交织。

一般,教导型组织被认为是学习型组织的升级,即一个成功的企业不仅需要相互学习而且需要适当的教导,但是从前文的分析可以看出,在当前真正的互相学习机制难以形成,因此从这个意义上来看,教导型组织只抽取了真正意义上的学习型组织的一部分,就是领导人的亲自教导,在这个过程中激活员工互相学习。这是一个由彼及此的过程,首先是教,然后是学,最后才是互学。

第二,教导型组织意味着领导力的提升。

领导者到教导者身份的转换需要一个过程,基本要求是领导者有较强的业务能力和丰富的实践经验,并讲自己的一些"故事"来激励员工,同时要有一套良好的教导理论和手法,以及领导者要有亲自教导的意识和时间。也就是从"行"到"自学"到"教"再到"教学"的过程,因为"知而教"可以再次对自身的理论和实践知识进行一番梳理,从而使自己也得到提升,并且在企业里树立了知性领导形象,也就提升了自己的领导力。

第三，教导型组织意味着核心竞争力。

核心竞争力是企业在新的竞争规则下，在不断变化的内外部环境下，决定企业成败、长青，在全球化竞争中有底气的利器。而核心竞争力更是通过"领导人"来表现。这里的领导人是指具有领导气质和领导能力的人。教导型组织通过领导人的教导，使员工不断学到领导人所具有的知识和技能，并且在自身不断的实践和理解之后逐渐培养自己的领导才能，基于此意义，教导型组织是培养领导的组织。

很多人都在思考，如果企业这个组织可以如学校富有学习力、如军队富有执行力、如家庭富有凝聚力、如宗教富有长久生命力，那么这个组织的未来何其光明。王东明老师对这个课题进行了深入的研究和分析，在吸收顶尖组织的管理精华的基础上结合东方文化、中国智慧和自身实践经验，推出了他的管理体系——"教导型组织模式"。

在这个组织中，企业利益不再是唯一目标，共同愿景和理想高于利益。更加贯彻执行"以人为本"的管理理念，领导者引导和教育，扮演着导师的角色。教导型企业家也不再是简单的老板角色，导师角色的转换给他们带来了制约和挑战。企业在这种正面力量的制约和推动下，会成为员工心目中的标杆和榜样。这种人性化的引导，会使员工的创造力得到保护和提升，机遇互惠才会使人才在这个信任、塑造、引导的环境中不断成长。这对企业的贡献将是无法估量的。

对企业家价值观的提炼和人格的升华，就是企业迈向成熟的契机。"教导型组织模式"不仅宣讲实效的管理理念，同时也展示和传达着优秀企业家应有的高尚品德及价值观。这种模式与传统组织注重企业利益及单纯塑造领导力有所区别，它更注重于"爱和信念"。该模式将对社会、企业、员工三者的和谐发展有着良好的促进意义。

问题

(1) 如何理解"教导型组织模式"？
(2) 这种模式适用于哪些组织？

参考文献

[1] 周三多等. 管理学：原理与方法[M]. 上海：复旦大学出版社，2018.

[2] 彼得·斯科尔特斯. 戴明领导手册[M]. 钟汉清，译. 北京：华夏出版社，2001.

[3] 哈罗德·孔茨，海因茨·韦里克. 管理学：国际化与领导力的视角. 马春光，译. 北京：中国人民大学出版社，2014.

[4] 曹仰锋. 生态型组织：物联网时代的管理新范式[J]. 清华管理评论，2019.3：74-85.

[5] 彭正银等. 基于关系传递的企业网络组织结构嵌入与控制机制研究[M]. 北京：经济科学出版社，2018.

第6章

"四定"管理

📖 课前导读案例

某贸易公司根据未来发展需要，建立了完备的人力资源体系并制定了当年的人力资源规划：根据组织战略规划，确定符合公司发展的结构模式，划分结构和公司部门，即定编；规范各职位的工作范围、工作内容和工作量等，也就是定岗；按照一定的标准，配备各岗位的人员限额，即定员；采用科学合理的方法，规定生产单位产品消耗的工作量，即定额。

人力资源规划工作任重道远，但是只要盯紧目标——建立起完善的人力资源体系，将目标分解，一步步落实，就能为公司提供充分的人力资本的供给。

而人力资源管理中最基本也是最重要的工作就是"四定"，即定岗、定编、定额、定员，它是指在合理地选择组织结构并设置岗位的条件下，使用恰当的方法，对公司的组织结构进行诊断以及创新性变革，进一步明确员工的岗位及工作内容，从而科学地选择人才，实现人力资源的合理化，促使公司搭建一个更加高效的招聘平台。

问题

什么是定岗、定员？定岗、定员对企业有什么影响？企业除定岗、定员外，还要确定什么？

"四定"管理是企业人力资源规划工作的基础和前提。本章将从定义、执行步骤、执行原则、执行的优缺点以及管理方法和工具等方面阐述"四定"管理。

6.1 定　岗

企业的定岗工作是指企业管理者根据组织的战略、政策和实际的工作需要，在调整组织结构并确定部门的职能后，按照岗位性质、工作内容和工作量的繁简、工作任务需要以及专业知识和专业技能要求，对岗位进行重新设计，确定哪些岗位能够完成组织的使命。企业定岗是企业运营过程中不可缺少的关键步骤。要根据企业的需要和未来发展的需要设置岗位，具体来说就是根据企业的部门职责范围来定岗。

企业定岗所遵循的基本原则是因事设岗，除此之外还要遵循数量最小原则、权责统一原则、有效配置原则和有效管理幅度原则。数量最小原则是指在定岗过程中，设置的岗位应该满足企业各个部门的用人需要，不应设置额外的岗位，聘用不需要的人员，产生人浮于事的现象；权责统一原则是指要赋予岗位员工履行其职责所需要的权力，同时界定他必须承担的责任，确保权责一致；有效配置原则是指根据企业的战略和规划，将企业的总目标和所有任务层层划分到各层级部门、岗位以及人员，由此确认职责；有效管理幅度原则指的是在设计岗位时要依据组织结构，设置合适的管理幅度，确保管理者的有效领导[1]。

企业进行定岗工作可以按照以下步骤进行。

(1) 分析企业目标和战略规划。一个企业的战略规划、经营目标和盈利方式是企业定岗的重要依据，用来确定企业的主要工作和辅助工作、工作流程和层次。

(2) 设计组织结构，划分各部门目标。根据企业的战略和工作流程体系，设计组织结构，根据外部变化的市场环境，组织做出相应的调整，确定上下部门的权责划分，进而确定各个部门的使命和职责。

(3) 岗位的调整和最终确定。指在初步设计好组织结构和各部门权责关系后，根据工作环境和工作流程的变化对岗位设置进行调整和最终确定。

企业定岗工作可使用的方法有组织分析法、流程优化法、关键使命法和标杆对照法这四种，定岗时所用的工具是岗位职责说明书。

6.1.1　组织分析法

1. 组织分析法的定义

组织分析法指的是考虑组织的使命和远景，由此设计组织的基础结构框架，然后根据组织具体的业务流程需要，设计不同的岗位。组织分析法能进行大范围的组织设计和岗位设计，彻底解决实际中的很多细节问题，但岗位设计要求企业有符合要求的发展战略和环境，这样才能使企业形成良好的组织结构与责任分工。

2. 组织分析法的优势和不足

组织分析法能够对细节的问题进行一一处理，更适合大型传统组织，这种方法能保证设置的岗位与公司长期战略规划一致。

组织分析法的局限性体现在，该方法往往基于一个比较理想的组织模型设计，且过于具体，需要企业各部门人员的全力支持与理解。由于它的这些特点，所以组织分析法更适合有着明确的发展目标以及战略规划的企业。

3. 组织分析法的操作步骤

(1) 选择管理模式。组织分析法的首要工作是为总部和分支机构之间选择合适的管理模式，分清其集权和分权的关系。总体来说，管理模式一共有财务型、战略型以及操作型三种类型。财务管理型是指管理考核的依据是企业的财务指标，而总部的主要职能就是控制财务、法律和收购；战略管理型主要依据战略进行考核和管理，总部负责控制财务、战略规划和人力资源；这两种管理模式均不设置业务管理部门。而操作管理型需要企业总部设置业务管理部门，由此部门管理下层组织的日常工作内容，总部只需要负责其他主要工作(财务管理、战略实施、技术开发以及人员管理等)。

(2) 明确部门职能。除明确各部门的职能外，还需要确定组织的决策过程和部门间的信息沟通。

(3) 细分岗位职能。先在部门内细化责任和工作内容，再将这些内容分配到各岗位。例如，公司的人力资源部可以分为企划部、招聘部、合同管理部等，可以设置不同的岗位来具体分配这些工作。

6.1.2 关键使命法

1. 关键使命法的定义

关键使命法主要对起重要作用的岗位进行设计。一般情况下，这种方法适用于在时间和预算都比较紧张，对组织的所有岗位进行全面设计不可行时，运用这种方法需要准确地辨认出哪些是管理和职能部门内的重要岗位，否则很难在公司使用这种方法来确定岗位。

2. 关键使命法的优点和局限性

关键使命法的优点有：在定岗过程中，将重点放在组织的关键岗位，用较少的时间和资金取得较高的回报,将重点放在关键业务岗位,可以保证公司的业务利益;此方法可以在不同的企业中灵活使用。

关键使命法的局限表现在确定岗位时考虑不够全面,岗位间的过渡处理不当,划分重要业务与非重要业务易引发组织内部矛盾,且需要成熟的专业知识,要求对企业的现状有全面的了解,掌握组织的具体需要等。

3. 关键使命法的操作步骤

(1) 梳理组织结构,了解各个部门的关键业务和职责,确定需要设定的重点岗位有哪些。

(2) 分析现有岗位,分析各个重点岗位的核心人员,由此界定其主要任务和责任。

6.1.3 流程优化法

1. 流程优化法的定义

流程优化法是指依照新的信息管理系统或程序进行岗位优化,设计出适用于小项目范围的工作岗位,主要在出现新的信息管理系统时会采用这种方法。

2. 流程优化法的优点和局限性

这个方法需要参与人员在熟悉工作流程的前提下,才能真正提出改进的想法和建议。但是参加的人员也要敢于跳出之前固有的工作流程,否则很难提出实质性的想法和建议。在设计流程时,还应当考虑时间、成本、风险等因素。这种方法最大的优势在于它着重强调新的管理系统对于公司在职人员的影响;要了解服从新的管理系统的标准,根据新的信息管理系统进行调整。

但是该方法有一定的不足之处,在岗位设计方面,如果投入的资源不符合标准,就会无法满足公司的要求。

3. 流程优化法的操作步骤

(1) 编写"现有流程"。现有流程是组织在将所需解决问题具体化以及分析活动过程时所编写的。这一活动是在收集资料的基础上编写现有流程并注明流程的关键工作步骤,明确问题出现在哪里,并找出其中冗余和无意义的流程,找到失误的原因并进行改正。

(2) 编写"未来流程"。组织在分析现有流程之后,为了持续地改进当前的工作会编写未来工作流程。编写未来流程是在分析当前活动及其成本、问题产生的原因及解决办法的基础上,通过改进岗位的变化,确保流程优化后带来更多的价值。

(3) 进行流程重组。流程重组是指对优化现有的工作流程(重新设计或者设立试点)重新试验,在试验可行后,再对流程进行大范围推广和应用。在重组过程中,最重要的是把控哪些是业务流程的关键点。此外,为了使整个工作过程高效地运转并达成组织目标,不仅要考虑如何控制结果,还要考虑整个过程中需要花费的时间成本、金钱成本和过程中可能发生的各种风险及其控制,只有这样才能保证整个工作流程顺利运行,最终实现企业的目标。

6.1.4 标杆对照法

1. 标杆对照法的定义

标杆对照法是指将本行业中从事类似服务或产品生产的企业人员岗位编制数据作为标杆进行分析,并将此结果作为本企业定岗的主要根据。因此,标杆对照法主要依据的是本行业中典型企业当前所使用的岗位编制。运用标杆对照法的关键在于如何选择标杆企业。标杆对照法不适用于过于精确的编制岗位项目。需要注意的是,依据本行业中典型企业当前所使用的岗位编制进行岗位设计时,要求企业对选择的典型企业的基本信息以及需要的数据有清楚的了解;否则,企业在设置本公司的岗位时,这些数据的参考意义就有限。

2. 标杆对照法的优点和局限性

相比于其他方法,标杆对照法更加简单且容易实行,可以组织本公司内部的人员自主设计;而且所需成本较低,不用花费大量人力、财力、物力,就能够很快完成工作岗位的设计。

标杆对照法的缺点是在实施的过程中,由于过度参照标杆企业,容易造成照搬照抄,完全复制,不考虑企业自身的实际情况,造成数据"水土不服",而且需要对所选择的标杆企业有较为清晰透彻的了解,否则难以设计出适合本企业的岗位编制。

3. 标杆对照法的操作步骤

(1) 做好标杆对照的准备工作。首先,需要选择本行业的优秀企业作为标杆对照的目标,组建任务小组,并形成以标杆对照法为主要方法的定岗计划。

(2) 与标杆企业进行对照比较。做好标杆对照的准备后,可以正式开展定岗工作,要对标杆企业进行咨询,全面完整地收集标杆企业的资料和各项数据,由任务小组负责将收集到的信息与自身企业进行比较分析,找出两者的差距和差距形成的原因,并设计出相应的解决措施。

(3) 实施标杆管理。将收集到的信息进行整理,构建和落实岗位体系计划并对实施效果进行评估。

4. 标杆对照法的注意事项

标杆对照法虽然直观简单，存在一定的差异，即使是同一个行业、规模一致的企业之间，岗位的设计情况也会存在很大的不同。因而不能单纯套用标杆企业的数据和方法，而应该根据企业的具体情况，在实践中不断进行完善。因此，在使用标杆对照法进行定岗的同时，要分别考虑到本公司和优秀企业所处的内外部环境、战略目标、公司制度等方面的不同。

6.1.5 岗位职责说明书

岗位职责是指每个岗位的在职人员需要完成的工作内容、应当承担的责任及相应的授权范围等。企业设计岗位职责的目的是对各岗位进行合理有效的分工，促使员工明确自己的工作内容，承担自己的岗位责任，完成岗位任务。岗位职责是工作分析中的环节之一，出于对公司长远战略规划的考虑。岗位职责说明书是公司对员工的期望和要求(做什么，怎么做等)的总体表达。

在编写岗位职责说明书时，要注意文字的简洁性和全面性，内容应具体，避免形式化、书面化。在制定后的一定时期内要根据内外部环境变化进行一定程度的修正和补充，并且要同公司的规模保持一致，而且基本格式也可能根据实际情况有所改变。

岗位职责说明书(也称为职务或职位说明书)，明确说明了各岗位员工的责任范围、工种级别以及工作人员所必备的资格准备、考核准则，同时也规定了各岗位的工作性质、内容以及方法和条件等，所以这也是人力资源管理活动中的基础文件。编写标准的职务说明书的前提就是详尽规范职务表述和岗位规则。它主要有 8 项具体内容：①该职务的基本资料；②设置该职务的目的；③职务的管理范围；④同其他岗位之间的工作关系；⑤岗位的责任要求以及重要性；⑥衡量本职务业绩的准则；⑦员工的任职要求；⑧员工薪资标准以及变化条件等。这些内容是公司对岗位员工的基本要求，同时也需要员工积极配合，严格遵守。而且，清晰准确地描述岗位的定位，也方便公司企业在进行职务招聘及考核工作时进行参考，也为落实组织目标提供了标杆和基础。

岗位职责说明书的编制主要是为了给企业在进行人员招聘录用、工作分配、签订合同以及岗前培训等活动提供资料和依据[2]。说明书由岗位负责人、管理者以及人力专员填写。主要包含以下内容：

(1) 岗位基本资料：包括岗位职称、工作关系、主管部门、工资的等级标准、工作内容(性质、地点等)、岗位分析人员等。

(2) 岗位分析日期：确定编写时间，避免过期。

(3) 岗位工作概述：详细描述岗位的工作内容以及各活动内容所占的时间比和活动权限、

执行根据等。

(4) 岗位工作责任：一一列举出员工的工作职责(领导职责和直接责任)。

(5) 岗位工作资格：主要是岗位员工必需的资格条件(学历、个性特点、健康要求等)。有必备资格和理想资格两种，前者是岗位要求的最低准则，而后者是指在具备前者的条件下，如果还可具备其他能力则更为理想。

(6) 岗位发展方向：有些企业的职位说明书上还会附加岗位发展方向，不仅分析了各岗位之间的合作关系，还有利于员工明确个人发展目标，将自己的职业发展规划与企业发展结合在一起。

值得注意的是，可以根据岗位的工作目标对职位说明书进行适当调整，可繁可简。岗位职责说明书的外在形式，是根据某项工作编写书面材料，可以通过表格形式，也可用文字叙述，格式多种多样。但语言应准确具体，准确完整地表述主要工作内容，使得岗位说明书更加准确规范，方便使用，并且需要人事部统一收档。

岗位工作说明书的编写，会随着企业的实际情况有所改变，职位变动(增加或撤销)的情况时有发生，每一次岗位的变动(包括工作职责、内容等)，都应及时记录到说明书当中。每次调整改动时，由负责人提出申请并填写修改表，再由相关部门对岗位说明书进行调整和修改。

众所周知，不同的企业和组织有不同的特点，遇到的问题和面对的情况也会不同。有些可能是根据要求，改善环境、提升安全性能；有些可能是设计方案，提高员工素质；而有些企业可能是为了制定奖惩政策，鼓动员工积极性。因此，每个公司在进行岗位分析时侧重点都有所不同，而且需要根据本公司的实际情况做调整。

6.2 定 编

定编是指在充分了解公司发展战略的前提下，确定适合公司的组织结构模式，并合理地设置和布局各部门以及业务机构。目前常用的方法有劳动效率定编法、行业比较分析法及预算控制法。

6.2.1 劳动效率定编法

1. 劳动效率定编法的定义

劳动效率定编法是在考虑到企业设置的生产任务的同时，还要考虑到员工的劳动效率以及出勤率等条件,综合分析确定岗位所需员工人数的方法,实际上就是根据任务量以及劳动定额分析员工数量。这种方法适合用于劳动岗位(尤其是手工操作为主)的员工定额。

2. 劳动效率定编法的特点

劳动效率定编法的优点在于,量化程度高,易操作,易被接受。劳动效率定编法的不足之处在于,实施工作量大,投入成本高、周期长,适用范围也较窄,只适用于有定额的工种,对管理和服务人员不适用。

3. 劳动效率定编法的计算

劳动效率定编法可以分为产量定额和工时定额,这种分类方法是按照劳动效率的表现形式划分的。

(1) 如果采用产量定额,其计算公式如下:

$$定编人数=计划生产任务总量/(劳动定额×出勤率)$$

(2) 如果采用工时定额形式,其计算公式如下:

$$定编人数=(生产任务×时间定额)/(工时×出勤率)$$

6.2.2 行业比较分析法

1. 行业比较分析法的定义

行业比较分析法,又称为行业比例法。这种方法是按照某岗位人员总数占企业人员总人数的比例来确定岗位编制。在各行业中,由于分工专业化和员工间有合作的要求,某岗位人员会和另一岗位人员在数量上形成一定的比例,并且前者随着后者的变化而变化。

2. 行业比较分析法的计算公式

在各行各业中,因为各岗位分工的专业化以及协同工作关系,某岗位人员数量与另一岗位人员数量密切相关并存在一定的比例,且随着后者的变化而变化。例如,在服务类行业中,人力资源管理层员工和基层员工之间一般存在1:100的比例,这是使用行业分析法进行定编,定编的公式为$M=T×R$ (M是某类员工总数,T是服务对象总数,R是定员比例)。

6.2.3 预算控制法

预算控制法不是硬性规定某部门某岗位的具体人数,而是指企业通过人工成本预算,达到控制在岗职工人数的定编方法。企业通过对人力成本的整体预算来控制测算人员编制的数量，首先确定好企业的发展、利润以及人力资源成本的目标，然后根据公司各部门和职位的人力资源成本进行预算，进而设置岗位的编制员工人数。

资源有限，与产出关系密切的企业适合这种方法。预算的控制对每个部门人员的扩充有严格的限制。

6.3 定　额

劳动定额是指企业在一定的技术条件下，进行一定数量的工作或者生产一定数量产品消耗的劳动力标准。劳动定额分为产量定额及工时定额。

1. 按产量定额计算

计算公式如下：
产量定额完成程度=(单位时间内实际完成的合格产品产量/产量定额)×100%

2. 按工时定额计算

计算公式如下：
工时定额完成程度=(单位产品的工时定额/单位产品的实耗工时)×100%

在生产多种产品时，为了评估企业、车间和个人的劳动定额完成的实际效果，应采用劳动工时定额的形式，综合反映固定工时条件下的劳动完成效果。其计算公式为

$$劳动定额完成程度指标 = \frac{完成定额工时总数}{实耗工时总数} = \frac{\Sigma Q_1 t_n}{\Sigma Q_1 t_1}$$

式中，
Q_1——某产品的实际产量；
t_n——某单位产品的工时定额；
t_1——某单位产品的实耗工时。
式中的分子减分母($\Sigma Q_1 t_n - \Sigma Q_1 t_1$)之差，说明劳动定额完成的实际效果，即工人工作时间的节约或超支。

6.3.1 经验估算法

1. 经验估算法的定义

经验估算法是指全面分析产品或零件的图纸工艺或实物,选择恰当的工具设备、产品材料和其他生产技术条件,综合以往的生产经验,直接估算定额的一种方法。

2. 经验估算法的特点

经验估算法的优点是手续简单,工作量小,所以所需时长较短,而且方法易掌握,符合定额快速全面的要求。然而经验估算法缺乏准确性,且受定额人员的能力、经验限制,出现定额高低偏差的现象,不易平衡。经验估算法适合多品种小批量,定额基础工作偏差的场合。

6.3.2 技术测定法

1. 技术测定法的定义

技术测定法是指在全面挖掘出企业的生产潜力后,依据公司现有的生产条件,按照固定的工作程序和时间定额的组成部分来确定定额的方法。可以通过实地考察和测算时间的方法获得定额数据的来源,也可以运用事先规定的时间定额标准计算出来[3]。

2. 技术测定法的类型

根据实施过程以及采用的方法,技术测定法可分为分析研究法和技术计算法。

(1) 分析研究法。亦称技术测定法,是指通过一定的技术条件(考察、抽样、测算等)来确定劳动定额时间的方法。例如,实地考察或者对员工的工时抽样可以测算出员工必需的休息时间和布置准备以及结束的时间,还可推算其百分比;通过时间的测算或者工时的评定可以计算得到单件工序的定额时间。

(2) 技术计算法。根据现有的模型和技术参数计算定额量,也就是说,工作程序分为工作步骤和操作,然后根据设备、制作原理及对象,规划工艺剂量标准(如主轴转速、切削深度、进给量等),然后根据建立的模型计算出工序动作的标准时间,最后通过调查分析,计算出辅助时间和其他时间。

6.3.3 回归分析法

利用回归分析法可以分析和处理变量之间的关系。工时定额标准回归分析是利用影响因素和相对应的工时消耗之间的定量关系,推导出工时定额标准的数学模型(公式)的一种数理统计方法。研究表明,劳动时间消耗和影响因素之间存在诸多矛盾,但在有限的生产技术条件下,工人生产产品的数量与劳动时间存在着必然的关系,二者相互制约、相互依存。

6.4 定 员

劳动定员是指在一定时间内以及特定的组织条件下,为了保证企业能够进行正常的生产活动,依据一定的要求和标准,提前设定企业所需的各类人员数量。

6.4.1 传统定员方法

1. 按劳动效率定员

按劳动效率定员是根据公司制订的生产计划和员工的工作效率以及员工的出勤率来确定定员人数的一种方法,此外,它也是确定各类人才数量的最基础方法。但这种方法更适用于手工操作岗位的员工数量的确定,因为需要的人员数量不受机器设备等条件影响。

但是在企业的实际生产过程中,不可避免地会在某道工序中产生一定的废品,所以在计算时要同时考虑到产品的废品率,计算公式为:

$$定员人数 = \frac{计划期产量 \times 辆份劳动定额}{人年有效工时 \times 定额完成率 \times (1-废品率)}$$

$$每人年有效工时 = 制度工日 \times 8 \times 出勤率 \times 工时利用率$$

$$工时利用率 = 实作时间(不含制度外)/出勤时间$$

2. 按岗位定员

(1) 按岗位定员法的定义。

按岗位定员法是指根据公司设置的岗位种类、数量以及每个岗位的任务量确定定员人数的方法。此方法适用于那些进行连续性质生产的公司企业(冶金化工等),以及那些不操作设备的不实行劳动定额的公司。

(2) 按岗位定员法的计算方式。

① 设备岗位定员法,此方法适用于启动或使用设备装置的过程中,需由单人操作或者多岗多人操作的情况下。但是在使用此方法时要考虑到设置的岗位数量、岗位的任务量、岗位的

危险程度以及倒班的方法。

计算多人共同操作一台装置或设备的岗位定员数量公式为：

$$班定员人数 = \frac{共同操作的各岗位生产工作时间的总和}{工作班时间 - 个人需要生理时间}$$

生产工作时间是指各种与工作相关的时间总和(工作时间、布置时间、准备时间以及结束时间)；个人需要生理时间指个人必需的休息时间[4]。

② 工作岗位定员法，是指根据工作范围、工作内容以及任务量，并同时考虑到兼职可能性等影响因素来确定定员人数的方法。适用于不需设备且无法定额的岗位(检修工、茶炉工、清洁工以及信访者等)。

3. 按比例定员

按比例定员法是依据某种岗位员工人数和公司的员工总数的比例来确定此岗位定员人数的一种方法。

$$定员人数 = \frac{服务对象人数}{定员比例}$$

这种方法更多地用于服务人员的定员，例如食堂、幼托等。

4. 按设备定员

设备定员法是效率定员的特殊形式，是指根据设备的相关数据(使用数量、开动班次及利用率)和员工的看管定额及出勤率计算岗位定员的方法。设备开动班次根据劳动定额和利用率以及生产任务综合计算。计算公式为：

$$定员人数 = \frac{单机定员标准 \times 需要开动设备台数 \times 每台设备开动班次}{出勤率}$$

6.4.2 新型定员方法

1. 数理统计方法

这种方法用于管理层员工人数的定员计算。使用这种方法一般分为三个步骤：

(1) 根据工作岗位的不同，对管理人员进行划分；

(2) 分析确定管理人员工作量的影响因素，回归分析管理人员和各影响因素的关系；

(3) 确定人员数量。

一般情况下与幂函数相关：

$$P = k \times x_1^{l1} \times x_1^{l2} \times x_1^{l3} \times \cdots \times x_p^{lp}$$

P 表示管理层员工人数，k 是系数，是影响管理人员工作量的因素，是各因素值的程度指标。

2. 运用概率推断法

概率推断法适用于确定最优的医务人员人数。如何最优配置医务人员，既满足患者就医需要，又能降低医院运营成本，是每个医院管理者都要思考的问题。这就涉及科学定员问题，运用概率推断法能够较好地解决这个问题。具体计算过程如下：

(1) 了解医务人员的看诊病历数量：先确定人数较多的月份，再计算出每天看诊人数和标准差。其计算公式为

$$\bar{X} = \sum X / n$$

$$\sigma = \sqrt{\frac{\sum (X - \bar{X})^2}{n}}$$

式中，

$\bar{X}$ ——医务人员每日看诊人数；

X——工作日看诊人数；

n——制度工日数；

σ——平均每天诊病人数的标准差。

(2) 测量每位医务人员每天的工作时长(准备时间、看诊时间以及休息和生理时间)。

(3) 测定必要的医务人员数。

3. 运用排队论

排队论适用于确定最优车间工具保管员人数。企业在产品生产过程中使用的工具都是一次性生产，这会引起车间内各工种(机工、钳工等)和工作室间的矛盾。所以必须合理安排车间内的员工数量，才能满足员工借还工具的需要[5]。

$$P = \frac{\lambda}{n\mu}$$

式中，

P——在 n 状态下平均借还工具时间内达到的人次数；

n——窗口数或工具保管员人数；

λ——单位时间内到达的人次数；

μ——单位时间内借还工具完毕的次数。

根据排队论中的等待公式，必须使 $P = \dfrac{\lambda}{n\mu}$，才能保证统计平衡，这时，不用等待的概率为：

$$P_0 = \dfrac{1}{\sum_{j=0}^{n} \dfrac{(nP)^j}{j!} + \dfrac{(nP)^n}{n!} \cdot \dfrac{1}{1-p}}$$

平均等待时间为：

$$T_W = \dfrac{P(P_n)^n}{n!} \cdot \dfrac{1}{(1-P)^2} \cdot P_0$$

4．零基定员法

零基定员法是指从零开始，依据岗位劳动量、岗位工作负荷量以及符合标准来设置岗位(不饱和岗位可并岗或一人多岗)。适合于二、三线人员的定员计算。

(1) 确定一个月内的某岗位总工作量。

$$Q_g = \dfrac{\sum_{i=1}^{n} Q'_i N_i}{Y} \cdot (1 + K)$$

式中，

Q_g——岗位人月工作量[小时/(人·月)]；

Q'_i——岗位计划时间内完成单一任务工作量(小时)；

N_i——计划期内同类单项任务频数；

Y——计划期内月份数；

K——休息时间在规定工作时间时长中的占比。

(2) 确定岗位的工作量负荷系数。计算公式为：

$$F_g = \dfrac{Q_g}{T}$$

式中，

F_g——岗位工作量负荷系数；

Q_g——岗位人月工作量[小时/(人·月)]；

T——月制度工作时间(小时)。

(3) 确定该岗位的负荷系数标准(F_B)，一般标准应当在 0.8 以下。

(4) 初步核定定员人数。其计算公式为

$$M = \dfrac{F_g}{F_B}$$

式中，

M——岗位定员人数(人);
F_g——岗位工作量负荷系数;
F_B——确定负荷系数的标准。

6.5 实战训练——"四定"管理实训

企业人力资源的开发与利用的基本工作是"四定"(定岗、定员、定额和定编),做好了企业的"四定"管理工作也就为企业的整体管理打下了坚实基础。

该实训系统针对人力资源"四定"管理的每一方面都给出了相应的实训练习来供学生进行实践操作,学生应在充分掌握各部分计划的理论知识之后开始实训练习,完成本次实训。

系统登录之后,在任务栏选择"'四定'管理",如图6-1所示。

图6-1 四定管理

6.5.1 定岗

在"四定管理"下单击"定岗",进入"四定"管理——定岗实训页面,如图6-2所示。

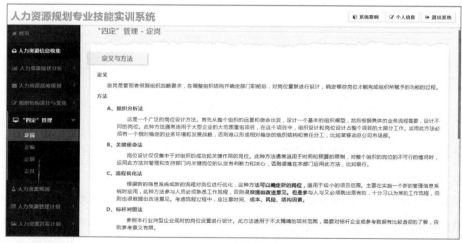

图6-2 定岗界面

首先，认真阅读简介部分的内容，了解关于定岗的相关理论知识，如图6-3所示。

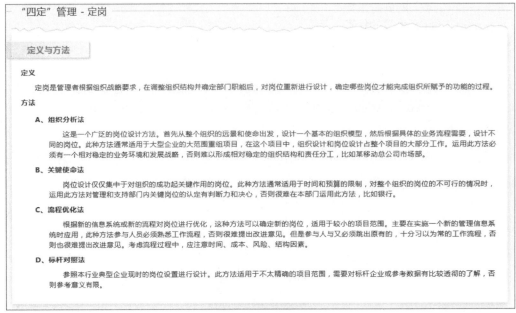

图6-3 定岗的定义与方法

学生在了解完"四定管理—定岗"的相关概念之后，开始下面的实训练习。在本次实训中，学生们要通过阅读系统案例，根据题目要求，完成分析，如图6-4所示。

图6-4 岗位分析

在题目中，要求学生们根据系统案例填写下表，并对于部门职能混乱、迹象繁杂的部门可以选择设立二级部门。

而从系统案例——上通电信设备有限公司中看，上通公司的人力资源组织结构最开始是采用集权式组织结构，在初期这种组织结构可以满足上通公司所需要的效率和产能。随着上通公司发展到了中期，这样的组织结构就转变成了直线—职能型组织结构，并且在这之上逐步推行了事业部制度。但是随着市场竞争激烈程度的增加，公司对于产品的种类和规格有了更多的要求,这就使得原来的统一销售渐渐与当前的生产产品不匹配,所以对当前组织结构进行改变已经迫在眉睫。

从系统案例中得知,公司一共存在 5 个部门(人力资源部、财政部、生产部、技术部和营销部),而营销部下还设有 4 个部门(区域管理部、市场部、客户管理部和产品行销部),职能分工较为明显,但是部门之间缺乏分权。因此,人力资源部和财政部应该处理那些职能混乱或繁杂的部门,人力资源部应该履行的职能有招聘、培训、活动组织、外部公关等,财政部应履行的职能有资金管理和税务管理两大部分。

按照以上的分析步骤,得出答案,将答案填写入空格内,如图 6-5 所示,单击"提交"按钮。

图6-5　职能分析

提交后,继续下一步,进行"职能分解",学生要对上一步已经填写的一级职能部门进行职能分解,如图 6-6 所示。

图6-6　职能分解

因为之前在“职能分析”问题上填写的部门是人力资源部和财政部，所以接下来以此为例，讲解分析步骤。

首先，人力资源部的职能有招聘、培训、活动组织、外部公关等，故这里将其分为两个二级职能部门，分别是公关部和人事部。人事部所履行的职能有招聘、培训等活动，而公关部应履行的职能有活动组织外部公关，维护企业良好形象。

其次，财政部的职能是资金管理和税务管理两大类，所以这里也将其分为两个二级职能部门，分别是资金管理部和税金管理部。资金管理这个职能由资金管理部履行，而税务管理这个职能由税金管理部履行。

按照以上的分析步骤，将内容填入到规定的空格内，单击“提交”，之后，继续下一步，进行“初步描述工作内容”，学生要对上面所设置的各个二级职能部门表述工作内容，如图 6-7 所示。

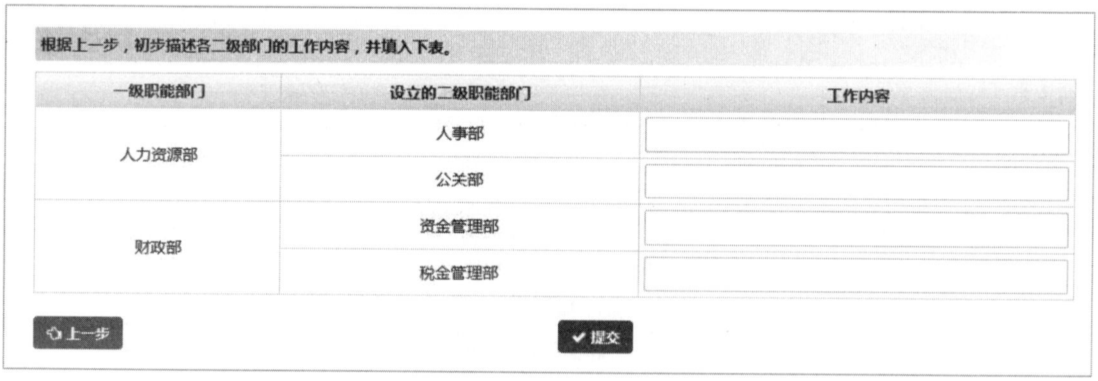
根据上一步，初步描述各二级部门的工作内容，并填入下表。

一级职能部门	设立的二级职能部门	工作内容
人力资源部	人事部	
	公关部	
财政部	资金管理部	
	税金管理部	

图6-7　工作内容

对于这道题，学生应该根据二级职能部门的对应职能，初步描述二级职能部门的工作内容。首先，人事部应履行的职能有招聘、培训等活动，所以人事部应有的工作内容有：①对公司的员工进行培训工作；②制订本年度培训和招聘计划；③负责规划企业人员的工资以及福利待遇。

剩下的二级职能部门按上述分析方法，根据二级职能部门所对应的职能，初步描述二级职能部门的工作内容，各个二级职能部门工作内容如下：

公关部：①搜集市场信息、监测市场环境；②组织企业的宣传活动，为企业树立良好的形象；③与各媒体沟通协调。

资金管理部：①协助总经理做好资金管理，编制资金需求预算表，制订资金使用计划并监督；②负责办理并及时登记公司现金的收入支出以及银行结算事务；③统筹调配管理公司资金的业务，方便调动资金，降低成本，提高资金使用率；④负责审核公司支出的经营费用等。税金管理部的工作内容是税务风险控制及税务筹划。

按照这样的分析思路，将工作内容填写在对应的空格内，单击“提交”，完成练习。提交后，继续下一步，进行“岗位设置”，学生根据所给出的条件，将岗位、岗位定员、管理幅度、直属上级列出来，如图6-8所示。

岗位设置包括				
• 将性质相同的工作任务归类合并设为一个岗位；				
• 确定总岗位数；				
• 确定每个岗位定员定编；				
• 根据管理幅度，明确上下级垂直管理关系。				
二级职能部门	岗位	岗位定员	管理幅度	直属上级
人事部				
公关部				
资金管理部				
税金管理部				

图6-8　岗位设置

根据学生之前填写的内容，可以得到各个二级职能部门所对应的岗位、岗位定员、管理范围以及直接上级。例如，人事部门设置人事岗位，需要8人左右，管理幅度是关于招聘、培训等活动，这个岗位的直属上级是人事部经理。公关部设置的岗位是公关，需要6人左右，管理幅度是与公共关系相关的活动。因为公关部是属于人力资源部的二级职能部门，所以公关这个岗位的直属上级是公关部经理。资金管理部应设置的岗位是资金管理员，岗位定员在10人左右，管理的幅度是对于公司资金的管理。其直属上级是资金管理部经理。最后，税务管理部的岗位是税务管理员，需要10人左右，管理的幅度是对公司税收的管理，直属上级是税务管理部经理。

根据以上分析，将内容填入到规定的空格中，单击"提交"按钮，完成此步练习。提交后，继续下一步，进行"生成岗位职能说明书"，学生根据之前所填写的问题答案和系统案例，填写岗位工作说明书，如图6-9所示。

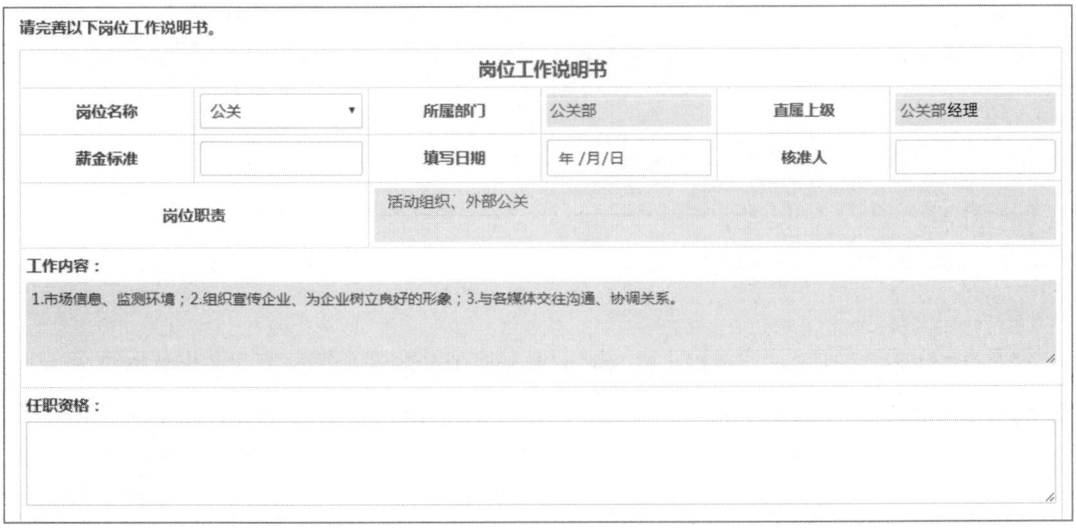

请完善以下岗位工作说明书。

岗位工作说明书

岗位名称	公关	所属部门	公关部	直属上级	公关部经理
薪金标准		填写日期	年/月/日	核准人	
岗位职责		活动组织；外部公关			

工作内容：
1.市场信息、监测环境；2.组织宣传企业、为企业树立良好的形象；3.与各媒体交往沟通、协调关系。

任职资格：

图6-9　岗位说明书

接下来，我们以公关的岗位工作说明书为例，讲解分析的思路。公关所属的部门是公关部，故其直属上级是公关部经理。公关的薪资标准为 3000 元/月。作为一名公关，所要做的事情有：①搜集市场信息、监测市场环境；②组织企业的宣传活动，为企业树立良好的形象；③与各媒体沟通协调。而为了圆满完成这些日常工作，一名公关所具有的基本技能及任职资格如下：

(1) 有缜密的逻辑思考能力以及良好的文案书写能力；

(2) 了解公司内部构造、工作形式、所面向的对象；

(3) 具备公共关系处理的知识；

(4) 较好地掌握相关法律知识；

(5) 能够熟练使用办公软件(Word、Excel 等)，而且有良好的英语运用能力；

(6) 良好的沟通能力以及客户服务能力。

根据以上分析步骤，得出其他几个二级职能部门岗位的岗位工作计划书，并将其填写在规定的空格中，单击"提交"，完成练习。

岗位工作说明书完成之后，需要进行岗位设计的第六步(即审核确认)：各部门提交拟定方案，审核小组对方案进行审核，主要审核工作职责、工作联系、岗位职级、任职资格以及岗位定编五方面，并且和拟定部门共同商议，确定最终的总体方案并上交总经理办公会。倘若有修改建议，对其进行修改，形成最后备案。在这一步骤的下方可以查看解析，方法是单击"解析"按钮。

6.5.2　定编

进入系统后，在"'四定'管理"下单击"定编"，进入定编实训页面，开始实训操作。首先，阅读简介，自主学习了解"四定"管理—定编的相关知识，如图 6-10 所示。

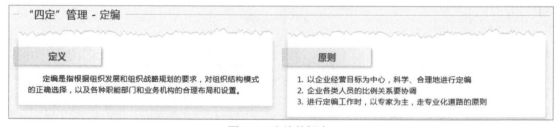

图6-10　定编的概念

学完相关的理论知识后，让学生通过范例熟悉定编的相关理论概念。学生先通读范例，再对其进行分析，借此来了解关于四定管理—定编在实践中的运用，如图 6-11 所示。

第 6 章 "四定"管理

范例

某企业人员编制表（部分）

序号	部门	部门编制	岗位名称	岗位编制	现有人员	缺编人员	岗位职责概述	备注
1	董事长办公室	2	董事长秘书	1	1	0	文秘业务、董事长秘书事务、协办行政日常事务	
2			法务主任	1	1	0	负责处理集团法务事务，为集团业务拓展决策提供专业咨询意见	视公司业务开展情况，如业务拓展迅速，则根据情况增设法务部
3	行政部	6	经理	1	1	0	1. 在总裁领导下，协调各职能部门之间的关系 2. 汇总各部门的规章制度，制定完善集团有关行政管理方面的制度并监督执行 3. 管理集团固定资产、后勤服务保障、推动企业文化建设 4. 对外联系与接待工作，负责集团各项证照的办理	
4			行政秘书	1	1	0	行政文秘业务、总裁秘书事务、集团高管文秘事务、协办行政日常事务	
5			档案管理员	1	1	0	集团档案管理、集团工商相关业务、集团固定资产管理、协办行政日常事务	
5			档案管理员	1	1	0	集团档案管理、集团工商相关业务、集团固定资产管理、协办行政日常事务	
6			网络管理员	1	0	1	集团网络管理和维护、电子办公设备管理和维护、信息化建设事务、协办行政日常事务	区域公司设立标准须领导明确
7			行政文员	2	1	1	前台接待事务、会议室管理、集团办公区域日常事务、考勤管理（数据管理、维护、收集，不含统计）、协办行政日常事务	

图6-11　人员编制表

6.5.3　定额

进入系统后，在"四定管理"下单击"定额"，进入定额实训页面，开始实训操作。首先阅读学习"定义"部分，如图6-12所示，掌握定额的概念以及计算方法。

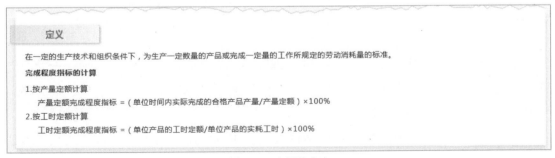

图6-12　定额的定义

有了一定的理论基础之后，开始实训练习。在本次实训中，系统给出了一个巩固练习，如图6-13所示。

图6-13　练习界面

在巩固练习中，完成的合格品数量是720件，实耗工时160小时，产量定额是3件/工时，因此，单位时间内完成的合格品数量为720/160=4.5，单位产品的实耗工时为160/720=2/9，单位产品的工时定额为1/3。代入数据：

产量定额完成程度指标=(单位时间完成合格品数量/产量定额)×100%=(4.5/3)×100%=150%

工时定额完成程度指标=(单位产品的工时定额/单位产品的实耗工时)×100%=(1/3)/(2/9)×100%=150%

由此可知，产量定额完成程度指标为150%，工时定额完成程度指标为150%。

将分析过程以及答案填入规定的空格栏内，点击"提交"，完成练习。提交后，单击"解析"按钮，可查看解析内容，解析结果如图6-14所示。

图6-14　练习解析

6.5.4　定员

进入系统后，在左侧任务栏单击"四定管理"，再单击"定员"进入相关页面，开始四定管理—定员实训操作。首先阅读学习"定义和辨析"部分，如图6-15所示，掌握定员的概念、劳动定员与劳动定额之间的区别。

劳动定员是指在一定的技术条件下，为确保企业的生产活动正常进行，依据一定的要求对企业各类型员工数量设定限额。

劳动定员和劳动定额虽然计量单位和使用条件不同，但都是对人力资源消耗的限额，也可以说，企业劳动定员是劳动定额的最终发展形式。

定义和辨析

劳动定员定义：
　　是指在一定的生产技术组织条件下，为保证企业生产经营活动正常进行，按一定素质要求，对企业各类人员所预先规定的限额。

劳动定额的辨析：
　　劳动定员和劳动定额都是对人力消耗所规定的限额，只是计量单位不同、应用范围不同。可以认为，企业劳动定员是劳动定额的重要发展形势。

图6-15　定员的定义与辨析

学生在了解完关于劳动定员的相关概念后，阅读接下来的劳动定员的方法。劳动定员的方法有两种：传统定员和新型定员，如图 6-16 所示。

劳动定员的方法

A. 传统定员方法：

按劳动效率定员

$$定员人数 = \frac{计划期产量 \times 辆份劳动定额}{人年有效工时 \times 定额完成率 \times (1-废品率)}$$

每人年有效工时 = 制度工日 × 8 × 出勤率 × 工时利用率

工时利用率 = 实作时间（不含制度外）/ 出勤时间

按岗位定员

$$班定员人数 = \frac{共同操作的各岗位生产工作时间总和}{工作班时间 - 个人生理需要时间}$$

按比例定员

定员人数 = 服务对象人数 / 定员比例

按设备定员

$$定员人数 = \frac{单机定员标准 \times 需要开动设备台数 \times 每台设备开动班次}{出勤率}$$

B. 新型定员方法：
- 运用数理统计方法：对管理人员进行定员
- 运用概率推断方法：对医务人员进行定员
- 运用排队法：对工具保管人员进行定员
- 零基定员法：对二、三线人员进行定员

图6-16　定员的方法

有了一定的理论基础之后，开始实训练习。在本次实训中，系统给出了一个巩固练习，包括四个巩固练习问题，如图 6-17 所示。

根据之前了解的理论基础和相关公式，对巩固练习的题目进行分析。

第一题： 某公司计划一年内生产 25 万辆车，已知劳动定额是 100 小时，员工出勤率为 97%，定额完成率为 120%，废品率为 2%，员工的工时利用率为 90%，那么该公司应如何计划定员数量？

此问题考查的是劳动定员方法→传统定员方法→按劳动效率定员的相关公式和理论概念。

根据题意，列出公式：

生产工人定员=(计划期产量×辆份劳动定额)/(人年有效工时×定额完成率×
　　　　　　(1-废品率)=(25×10 000×100)/(250×8×120%×(1-2%))=12 175(人)

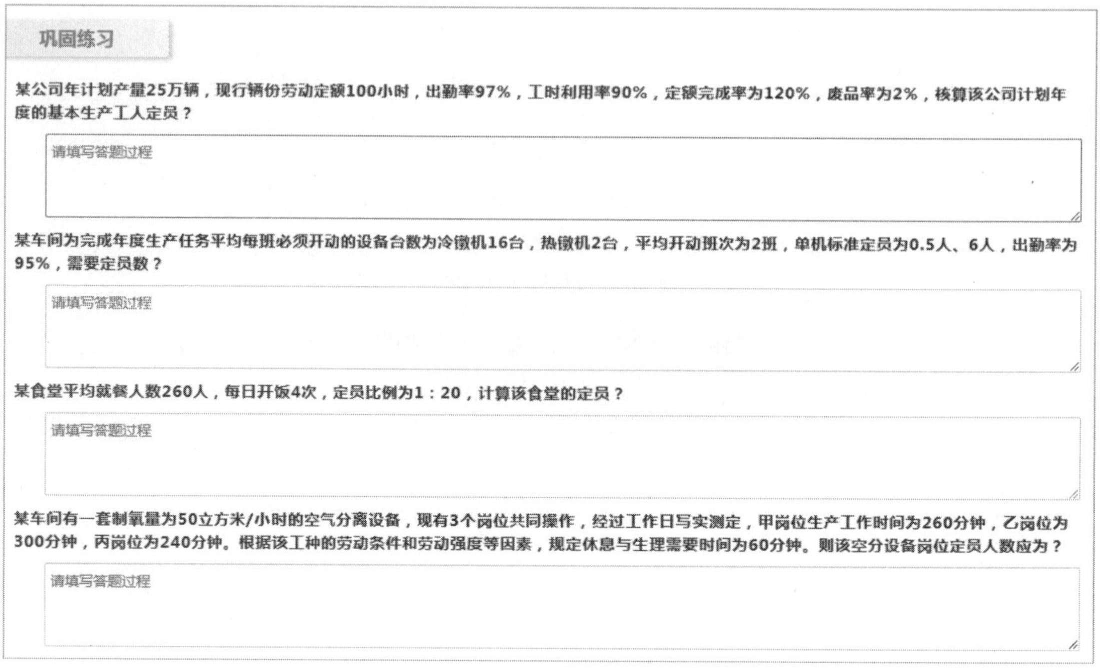

巩固练习

某公司年计划产量25万辆，现行辆份劳动定额100小时，出勤率97%，工时利用率90%，定额完成率为120%，废品率为2%，核算该公司计划年度的基本生产工人定员？

请填写答题过程

某车间为完成年度生产任务平均每班必须开动的设备台数为冷镦机16台，热镦机2台，平均开动班次为2班，单机标准定员为0.5人、6人，出勤率为95%，需要定员数？

请填写答题过程

某食堂平均就餐人数260人，每日开饭4次，定员比例为1：20，计算该食堂的定员？

请填写答题过程

某车间有一套制氧量为50立方米/小时的空气分离设备，现有3个岗位共同操作，经过工作日写实测定，甲岗位生产工作时间为260分钟，乙岗位为300分钟，丙岗位为240分钟。根据该工种的劳动条件和劳动强度等因素，规定休息与生理需要时间为60分钟。则该空分设备岗位定员人数应为？

请填写答题过程

图6-17 定员理论练习

解得该公司计划年度的基本生产工人定员需要12 175人。

将分析过程和问题答案填入规定的空格栏内，单击"提交"按钮，完成练习。

第二题：某车间为完成年度生产任务，平均每班必须开动的设备台数为冷镦机16台，热镦机2台，平均开动班次为2班，单机标准定员为0.5人、6人，出勤率为95%，计算其需要的定员数。

学生通读题目，可以得出此问题是在考查劳动定员方法→传统定员方法→按设备定员的相关公式和相关概念。由题可得冷镦机有16台，冷镦机的单机标准定员为0.5人，开动班次为2班；热镦机为2台，热镦机的单机标准定员为6人，开动班次为2班，人员的出勤率两者相同，都为95%。将冷镦机的设备定员人数和热镦机的设备定员人数分别求出来，再相加即为该车间所需要的定员人数。

根据上述条件，列出公式：

冷镦机所需定员人数=冷镦机台数×冷镦机的单机标准定员人数×开动班次/出勤率
热镦机所需定员人数=热镦机台数×热镦机的单机标准定员人数×开动班次/出勤率
该车间所需定员人数=冷镦机所需定员人数+热镦机所需定员人数

代入数据，

冷镦机所需定员人数=16×0.5×2/0.95=16.84
热镦机所需定员人数=2×6×2/0.95=25.26

该车间所需定员人数=16.84+25.26=42.1

采用向上取整的方式，可得该车间所需定员人数约为 43 人。

将上述分析过程填入该问题所规定的空格栏里，单击"提交"按钮，完成练习。

第三题：某公司食堂就餐人数平均每日 260 人，每天用餐次数为 4 次，定员比例是 1∶20，请计算该食堂定员。

在通读题目之后，可以得出此问题是在考查劳动定员方法→传统定员方法→按比例定员的公式和相关概念。食堂的服务对象人数就是食堂用餐人数 260 人，而食堂每日开饭 4 次这一条件为干扰项，公式中并没有提到这一数据要求。

根据上述分析过程，列出公式：

该食堂定员人数=食堂每日平均就餐人数×定员比例

代入数据，得

该食堂定员人数=260×(1/20)=13

可见该食堂的定员人数为 13 人。

将上述分析过程填入该问题所规定的空格栏里，单击"提交"按钮，完成练习。

第四题：某车间有一个空气分离设备，制氧量是每小时 50 立方米，现在这个设备由三个岗位共同完成操作，已知，甲岗位工作时长 260 分钟，乙岗位工作时长 300 分钟，丙岗位工作时长 240 分钟，规定休息时间为 1 小时。那么该设备定员人数应该是多少？

在通读题目之后，可以得出此问题是在考察劳动定员方法→传统定员方法→按岗位定员的公式和相关概念。该车间空气分离设备的制氧量为 50 立方米/小时，这一项为题目给出的干扰项。而各岗位工作时长总和是 260+300+240=800min，即 40/3h。

根据上述分析过程，列出公式：

该设备岗位定员人数=共同操作的各岗位生产工作时间总和/（工作班时间-个人生理需要时间）

代入数据，得

该设备岗位定员人数=(40/3)/(8-1)=1.9

采取向上取整的方法，可得：该空分设备岗位人数为 2 人。

将上述分析步骤填写在相对应的空格栏里，单击"提交"按钮，完成练习。这一题为"四定"管理—定员的最后一道实训题，在单击"提交"后，学生可以根据系统给出的解析答案来对比自己所提交的答案。单击"解析"按钮，可查看解析内容，如图 6-18 所示。

```
解析                                                          — ⬜ ✕

某公司年计划产量25万辆,现行辆份劳动定额100小时,出勤率97%,工时利用率90%,定额完成率为120%,废品率
为2%,核算该公司计划年度的基本生产工人定员?
    1、生产工人定员=(计划期产量×辆份劳动定额)/(人年有效工时×定额完成率×(1-废品率)=
    (25*10000*100)/(250*8*120%*(1-2%))=12175(人)

某车间为完成年度生产任务平均每班必须开动的设备台数为冷镦机16台,热镦机2台,平均开动拥次为2班,单机标准定员
为0.5人、6人,出勤率为95%,需要定员数?
    2、定员人数=单机定员标准×需要开动设备台数×每台设备开动班次/出勤率=(16*0.5*2+2*6*2)/0.95=42(人)

某食堂平均就餐人数260人,每日开饭4次,定员比例为1:20,计算该食堂的定员?
    3、定员人数=服务对象人数×定员比例=260/20=13(人)

某车间有一套制氧量为50立方米/小时的空气分离设备,现有3个岗位共同操作,经过工作日写实测定,甲岗位生产工作时
间为260分钟,乙岗位为300分钟,丙岗位为240分钟。根据该工种的劳动条件和劳动强度等因素,规定休息与生理需要时
间为60分钟。则该空分设备岗位定员人数应为?
    4、班组员人数=共同操作的各岗位生产工作时间总和/(工作时间-个人休息时间)=(260+300+240)/(60×8-
    60)=2人
```

图6-18　定员练习解析

简答题

1. 企业定岗主要会使用哪些方法?这些方法的优势和局限性体现在哪些方面?
2. 企业在进行定编时应该遵循哪些原则,使用哪些方法?
3. 简述劳动定额的测定方法及测定步骤。
4. 简述企业部门定员的原则和计算方法。

案例分析题

某电力公司是一家大型电网公司的子公司,负责的主要工作内容是电网设置计划、电网的建设、建设后经营情况和对用户的电力供应。该公司一共设置了5个基础部门:

(1) 综合管理部主要负责文秘、接待安排会议以及企业文化的建设及宣传、公司员工的人事归档及全体员工的工资分配比例、全公司的后勤支援等工作。

(2) 财务部负责的是公司的资金管理(财务流通及电网建设投资),建设工程进度款的发放和补给以及建设过程中机器设备款项的拨付状态等工作。

(3) 生产部门的工作职能是在公司的电力建设阶段,对建设工程的施工、管理、协调以及监督等工作。

(4) 技术部门需要对全公司用于生产的机器和其他设备在使用周期内全过程的设备修整、更新换代等技术全权负责,确保公司建设的电网的安全运营,并确保其能够长期有效地稳定运行,提高公司的核心技术在同类型企业中的竞争力。

(5) 销售部的主要工作是维持原有的电力营销市场,并且能够在原有基础上拓宽公司的销售市场,同时向公司的消费者提供规范且有效的售后服务[6]。

该电力公司现有员工分配如下：一共是3627名员工和387名管理人员(包含高层的管理人员85名)，全体职员的男女分配比例是65∶35，具体如表6-1所示。

表6-1　电力公司的员工分配表

部门	生产部	技术部	销售部	综合管理部	财务部
员工人数	1885	523	468	351	400
中层管理人员	60	52	66	67	57
高层管理人员	16	20	17	16	16

问题

(1) 分析该公司的岗位设置及职能分配，生成岗位工作说明书。

(2) 假设该公司某部门的服务对象人数是260人，定员比例是20，那么定员人数是多少？

参考文献

[1] 王挺. 人力资源规划[M]. 北京：中国电力出版社，2014.

[2] 李亚慧. 人力资源管理体系设计全案[M]. 北京：人民邮电出版社，2012.

[3] 德斯勒，陈水华. 人力资源管理(亚洲版)[M]. 2版. 赵曙明，等译. 北京：机械工业出版社，2013.

[4] 符涛，朱坚真. 人力资源开发与管理概论[M]. 北京：化学工业出版社，2010.

[5] 中国就业培训技术指导中心. 企业人力资源管理师[M]. 北京：中国劳动社会保障出版社，2016.

[6] 宋联可. 总是缺人的公司—人力资源需求预测. http://www.chinahrd.net/blog/307/1116280/306294.html，2014-11-24.

第 7 章
人力资源预测

课前导读案例

公司的人力资源规划

李某在2018年通过招聘,成为某家从事垃圾再生公司的人力资源部的助理。工作一段时间后,公司领导委派她针对公司的情况,拟定一份未来三年的人力资源规划。她在综合考虑内部和外界关键因素后,编制好了如下计划:

第一步,了解公司的人力资源现状。公司目前有员工1 000余人,其中生产维修的相关人员占公司员工的83%,从事行政类工作的人员占15%,公司管理层人员占1%,而其他员工(技术类人员和销售人员等)仅占公司员工的1%。

第二步,根据公司现存资料,了解各类员工的离职情况。据统计,近几年来公司员工的平均离职率达5%,即平均每年都会有20人左右离职。但是,公司不同岗位和类型的离职情况大不相同,基层员工(生产层面)的离职率约为10%,而管理层和核心技术岗位则比较稳定,约为3%。

第三步,结合公司发展规划,制订合理的人员预测扩招计划。公司计划研制开发几个新型产品,预计销售额会翻5倍。

综上制定如下规划:销售人员要新增15%~20%,技术人员要增加4%~8%,管理类人员不改变,而生产维修人员要增加4%。

思考

该公司是如何进行人才需求预测的?在进行预测的时候可以使用哪些方法?

7.1 人力资源需求预测

企业人力资源需求预测是企业根据其未来规划及发展战略，分析预测未来所需要的人力资源(包括专业领域、学历技术、组织结构和年龄构成)。分析方法有两种：一是定量分析，二是定性分析。

7.1.1 定量分析

人力资源需求预测的定量分析是指企业用具体数据来定量表示企业的人力资源情况，如企业人力资源发展的规模、速度和结构等方面的特性。在人力资源需求预测中可以采用数学模型进行定量预测。

1. 趋势预测法

按照一定的时间顺序排列企业的人力资源需求的数据，即可形成一个时间数列。当这个时间数列存在规划性的趋势变化时，则可以用该时间数列的规律性发展趋势推断组织特定时期内的人力资源需求[1]。

运用趋势预测法必须满足两个前提：一是组织要有历史数据(一般使用过去至少 5 年的数据进行预测)；二是这些数据要有一定的发展趋势可循。在运用趋势预测法时，隐含了一个假设，即未来仍按过去的规律发展。这种假设过于简单，现实中，由于很多因素在变化，组织的人力资源需求很少按照过去某种特定趋势发展。特别当预测的时间变长时，很多因素是不确定的，容易造成预测结果出现偏差，因此这种方法不适用于长期预测。

2. 回归分析法

回归分析法是综合考虑对需求预测产生影响的因素来判断需求量的增减，建立这些因素和人力资源需求量之间的回归关系。要完成回归预测，首先要找到对需求预测产生影响的因素，根据已知数据和资料来确定这些因素和人力资源需求量之间的数量关系，建立回归方程；接着通过历史数据计算出回归方程的系数，最终得到回归方程。使回归方程预测结果准确的关键在于所找变量与需求预测的相关度。而在实际的应用中，一般会采用线性回归来预测需求量。

3. 比例分析法

比例分析法是通过关键因素和人员需求量的比例，确定人力资源需求的方法。这种方法可以分为以下四个步骤：

步骤一：根据需要预测的人员类别选择关键因素。
步骤二：根据企业的历史数据确定出关键因素和人力资源需求之间的比例关系。
步骤三：预测未来关键因素的可能数值。
步骤四：根据预测的关键因素数值和比例值，计算未来需要的人员数量。

4. 工作分析法

工作分析法是根据工作分析结果而编制出来的工作规范及劳动者的工作效率，预测人力资源需求的一种方法。

5. 行业比例法

行业比例法是根据某岗位的人员数量占企业的总人数的多少，确定该岗位所需人数的方法。这个方法适用于职能部门和支持岗位的人力资源需求预测，如财务、人力等岗位。

行业比例分析法的重点在于确定关键岗位的人数，确定了关键岗位 A 与所求岗位 B 之间的人数比例 r，并且可以预测到未来需要多少 A 类人员，则可以预测出相应需要多少 B 类人员。

6. 预算控制法

预算控制法更多地被西方企业在进行需求预测时使用，它是一种通过成本预测对人才数量进行控制的方法。一般做法是，企业在做完总成本预算后，将总预算分散到公司的各个部门，由各部门领导根据预算各自确定招聘人数。

7.1.2 定性分析

定性分析是指由有相关经验的专业人士或管理人员根据自己的直觉进行预测判断的方法，这是一种简单的方法，在实践中得到了大量的应用。但由于这种方法的预测主要依赖专家的经验和判断，预测的准确性和科学性相对欠缺。

1. 主观预测法

主观预测法是指专业人士或管理人员根据自己的工作经验和直觉，对人力资源需求做出预估判断的方法，这是最为简单的预测方法。主观预测法包括"自下而上"和"自上而下"两种方法(预测途径不同)。

2. 德尔菲法

20 世纪 40 年代末，美国兰德公司首次提出德尔菲法。这种方法是专家进行"背对背"交流讨论。即专家将自己的想法和判断以书面形式,通过中间人来得知每轮的结果和理由,直至得出最后结论。交流是"背对背"形式,甚至不用与中间人见面。

3. 现状规划法

人力资源现状规划法是假设公司或企业原来的生产和生产技术不改变,即人力资源处在相对稳定的状态,根据各人员数量和人员总数配备比例预测人力资源的发展需求。这种方法较为简单,容易操作。如果使用这种方法,人力资源预测负责人需要预估哪些岗位的职员能够得到晋升或降职、退休或调职,然后再调员工弥补空缺职位。

4. 描述法

描述法是指负责人通过对本公司一段时间内变化的相关因素进行假设和描述,在综合分析中预估判断人力资源需求的方法。这是一种假设性的描述,为了应对环境和其他因素变动的影响,需要准备多种备选方案来满足公司需求。

7.2 人力资源供给预测

人力资源规划不仅包括需求预测,也包括供给预测。只有二者预测都不出现偏差,才能真正了解企业人力资源的供需状况,从而保证人力资源规划的准确性。

人力资源供给预测是指企业为了实现其发展的需要而制定的目标,对未来一段时间内企业内部以及外部环境中各类人才的需求补充来源的预测。

人力资源供给预测与需求预测不同,需求预测是针对企业内部的人才需要,而供给预测包括企业内部和外部供给两个方面,缺一不可[2]。

7.2.1 内部供给预测

人力资源内部供给主要是指根据目前企业内部的人才供给情况以及未来的变动得出准确的结论。

1. 马尔科夫模型

马尔科夫模型适用于具有相等时间间隔的时间节点上的公司内部人才分类状况。在实际的使用中,一般存在着一个转移人数(升职或调职人数)占总人数的固定比例,也就是指转移率一定,这样就可以方便地确定各类人才的未来分布状况,做出供给预测。

该分析方法的适用范围是:①人员流动比例较稳定的企业;②每一等级的员工至少达到50人的企业。

2. 管理人员接替模型

管理人员接替模型是根据组织内部特定岗位特定时期内的人力资源流动状况,分析组织内部某类人力资源的供给状况。这种方法的一般步骤如下:

第一步,进行岗位分析,明确具体岗位对任职者的任职资格要求。

第二步,在内部员工中,确定潜在的岗位候选人,或培养具有开发潜质的人员。

第三步,画出岗位人员接替图,即根据候选人任职业绩表现和晋升潜力两个因素,确定特定岗位组织内部的人力资源供给状况。

需要特别指出的是,岗位接替法主要用于某些特定岗位或重要岗位的人力资源供给预测。

3. "水池"模型

"水池"模型是指将公司内部人才比作水池中的水,根据公司内部人员的变动来判断内部供给的情况。这种方法主要是从公司岗位出发,进行分析预测。计算公式为:

未来供给量=现有人员数量+流入人员数量-流出人员数量

4. 人力资源信息库法

人力资源信息库法是指通过公司的员工信息库进一步建立一个员工的基本工作能力及其职业发展规划的基本记录,是人力资源供给的重要方法,可用于选拔与决策晋升人员、管理者接替计划、分配特定岗位、调动工作、培训开发、生涯规划和人员结构分析等。

7.2.2 外部供给预测

企业外部人力资源供给预测主要是根据外部的资料和调查,形成对企业人力资源供给的规划,得出供给数量和结构,确保企业具有充分的人力资源供给。

外部供给预测的方法包括市场调查预测法和相关因素预测法。

1. 市场调查预测法

市场调查预测法是指组织通过对各种外部人力资源供给来源直接进行数据资料收集,掌握第一手的人力资源市场的各类人才新信息,并且对这些信息进行定量或定性分析,以得到特定时期组织外部人力资源供给的发展趋势和状况的方法。调查法可以分为档案资料调查法和抽样调查法。

档案资料调查法通常是指经由一些特殊的组织机构,如人力资源和社会保障部、教育部、国家及地方人力资源市场等,获取企业需要的外部人力资源供给情况[3]。

抽样调查法则是通过问卷和电话调查等方法,直接对特定时期特定区域的各类人力资源现状进行调查。抽样调查可以分为随机抽样、分层抽样等,然后根据抽样得到的数据进行分析推算,以得到某类人才的外部供给状况。

2. 相关因素预测法

相关因素预测法即找到与外部人力资源供给密切相关且数据资料容易获取的因素,通过这类因素推算外部人力资源总量或某类人力资源的外部供给量。外部供给预测是相当复杂的,在进行外部供给预测时,要考虑的影响预测的因素有:地区因素、人口趋势因素、科技因素、政策法规因素以及就业者的择业心理偏好等。

此外,还可以用过去的历史档案数据资料,进行趋势分析,推算外部人力资源供给未来特定时期的供给量。

7.3 人力资源需求与供给的平衡分析

在预测完企业的人力资源需求以及人员供给情况后,就需要评估分析企业的供给和需求的平衡关系,并对结构失衡情况进行及时调整,根据比较的结果采取相应的措施。

一般来说,现实的人力资源需求和供给之间存在四种关系:①供需平衡;②总量平衡,结构不合理;③供不应求;④供大于求。

7.3.1 供需平衡

人力资源供需平衡即人力资源供给量等于人力资源需求量,这种情况说明公司现有的人力资源供给和需求是大体平衡的,这是所有企业在人才方面的理想状态,在现实生活中这种平衡很难达到。

一般情况下,企业人才供需无法自动平衡,因此需要人力资源规划来使供需平衡,在这个过程中,企业才能够高效地配置好人力资源,节约成本,从而满足企业发展对人才的需要。

7.3.2 总量平衡，结构不合理

结构失衡是指某类人员供不应求，而另一些员工存在供大于求的情况。实际情况中，企业人力资源即使在供需数量总量上达到了平衡，往往也会在资源的层次结构上出现不平衡。当出现这些不平衡时，一般可以采取以下措施[4]：

(1) 重新配置公司员工的结构，包括升职、降职或调动等，充分做到"人岗匹配"，满足人力资源的需求。

(2) 对其他人员进行职业培训，使他们能够从事空缺的职位工作。

(3) 进行人员的置换，释放企业不需要的人员，补充企业需要的人员，以调整人员的结构。

7.3.3 供不应求

当企业的人力资源供不应求时，企业为了确保供求平衡，会采取以下几种方法：

1. 外部招聘

外部招聘是指当公司内部人才达不到企业岗位的需求，考虑到人力资源供需平衡，公司根据需求人才的数量和质量要求，从公司外部招聘各类人才，为公司注入新鲜力量。

2. 内部招聘

内部招聘是指当企业内部岗位空缺时，从内部协调将员工调动到合适的岗位上。内部招聘可以降低公司在招聘活动中的成本支出，提高员工的工作兴趣。但对于比较复杂的工作，内部招聘的员工可能需要一段时间的培训。内部招聘包括内部公开招聘和内部员工推荐。

3. 聘用临时工

在一个变革迅速且难以把握的商业环境中，管理者需要具备高度的灵活性。他们通常不倾向于增加全日制和长期工人的数量，而是聘用临时工，以便降低劳动力成本。通过聘用临时工，企业可以更快速地应对市场条件的变化，保持竞争优势。

4. 延长工作时间

延长工作时间也称加班，在企业工作量临时增加时，可以考虑延长工人的工作时间，以节约企业的招聘成本，而且还能保证提高工作的质量和效率。但如果长期使用该方法会降低员工的工作质量，而且工作时间也受到政府政策法规的限制。

5. 技能培训

对企业现有员工进行必要的技能培训，使得这些员工不仅可以胜任当前的岗位工作，还能够适应高级别的工作。这样，就为内部晋升政策提供了保障。

6. 调宽工作范围

当公司紧缺某类员工，在人才市场上又无法招聘到合适的人才时，可以适当修改职位说明书，调宽员工的工作范围和要求，从而增加员工的工作量。

7.3.4 供大于求

当预测企业人力资源供大于求时，为了使人力资源供需平衡，可以采用以下方法。

1. 提前退休

企业可以降低员工退休的限制，为其提供更多的补偿和福利，提高即将退休员工的满意度和意愿。这种方法可以使企业在不影响自身信用和影响力的情况下，减少人力资源供给，但企业也会由此背上比较重的包袱，而且退休受到政府政策法规的限制。

2. 减少人员补充

这种方法是供给过剩时企业的常用方法。当企业人力资源减少(例如工离职或退休)时，降低对空缺岗位的补给，即减少人员补充，从而达到人力资源供求平衡。但采取减少人员补充的方式往往作用有限，而且难以得到企业所需要的员工。

3. 增加无薪假期

短时间内当公司内部人才过剩时，可以增加无薪假期，使得公司成本降低，这样的方法可以避免人才流失，也可以节约公司再次进行招聘的成本。

4. 裁员

虽然迫于种种原因企业需要裁员，但是可以有效改善公司的人力资源供需情况。公司裁员会降低员工对企业的忠诚度，使员工失去对企业的信心，甚至对社会产生不良影响，因此公司裁员之前一定要深思熟虑，此外还要为员工提供优厚的裁员政策。

当人力资源供给量超过需求量时,多数公司采取下面的方法来调整供给需求不平衡的情况:

(1) 提高人力资源需求量,例如开设分公司,扩大规模或者开发新的业务和产品等。通过这些方法来扩大需求量,从而达到供需平衡。

(2) 直接辞退员工虽然可以解决这种情况,但是由于会给社会带来不安定因素,因此往往会受到政府的限制。

(3) 可以降低员工退休的年龄线,给员工一些补贴和优惠,让即将退休的员工提前离职,这样可以减少公司人力的供给。

(4) 停止从公司外部环境中招聘人才,通过公司内部的自然减员来减少人力资源供给。

(5) 减短工作时长,鼓励工作分享,或者降低员工的薪资福利。

(6) 对富余员工实施培训。

实际上,往往企业人力资源结构的失衡不是简单的供给过剩或需求不足,也可能是人力资源结构处于不平衡的状态。企业要考虑实际情况,选择相应的调整策略,使企业各部门都能在人力资源的数量和结构方面达到一定的平衡。

值得注意的是,结构调整应该以企业内部的人员调整为主,把某类富余员工调整到需要人员的岗位上,需要培训的要制订培训计划。如果企业机制比较僵化,应招聘一些外部的员工,给企业带来一些新的生产技术和新的管理措施等,这时应以外部调整为主[5]。

7.4 人力资源预测实训

在本次实训中,人力资源预测由三部分组成,分别是需求预测、供给预测以及供需平衡。针对每一部分,系统中既有对基础知识的介绍,也有可以进行上手操作的实训练习,学生应在充分掌握各部分计划的理论知识之后开始实训练习,完成本次实训。

登录系统之后,在左侧任务栏选择"人力资源预测",如图7-1所示,单击相应的项目可开始对应的实训。

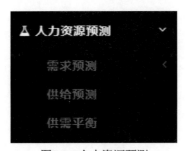

图7-1 人力资源预测

7.4.1 需求预测

1. 定量预测

进入系统后,在"人力资源预测"下单击"需求预测"→"定量预测",如图 7-2 所示,进入定量预测实训页面,开始实训操作。

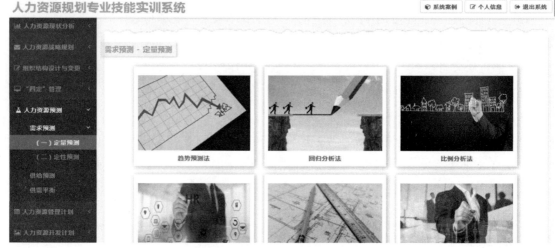

图7-2 定量预测

在定量预测中,系统给出了七大方法,分别是趋势预测法、回归分析法、比例分析法、工作分析法、行业比例法、预算控制法以及计算机模拟预测法,接下来将结合实例对每个方法进行详细的介绍。

(1) 趋势预测法

在"定量预测"页面中,单击"趋势预测法",进入相关页面,如图 7-3 所示。

图7-3 趋势预测法

阅读系统中给出的演示习题，了解趋势预测法的概念并掌握其基本计算流程，如图7-4所示。

趋势预测法是利用企业的历史资料，根据某些因素的变化趋势，预测相应的某段时期人力资源的需求。趋势预测法在使用时一般都要假设其他的一切因素都保持不变或者变化的幅度保持一致，往往忽略了循环波动、季节波动和随机波动等因素。

演示习题

年度	1	2	3	4	5
人数	145	250	357	497	623

首先我们要根据过去几年人员的数量来分析它的变化趋势，如果假设是一种线性变化，人数是变量Y，年度是变量X，n为总年数，那么根据下面的公式可以分别计算出a和b：

$a = \dfrac{\sum y}{n} - b\dfrac{\sum x}{n}$ $b = \dfrac{n(\sum xy) - \sum x * \sum y}{n(\sum x^2) - (\sum x)^2}$

解得：a=13.5 b=120.3

由此得出，趋势线可以表示为Y = a + bX，也就是说每过一年，企业的人力资源需求要增加121。这样就可以预测出企业今后第二年（也就是第6年）的人力资源需求：

Y = 13.5 + 120.3 x 6 = 735.3 ≈ 736人

图7-4　趋势预测法的概念

掌握基础的计算方法之后，进行"巩固练习"。题目中要求使用趋势预测法，预测习题中企业第7年的人力资源需求，并写出答题过程。

欲求第七年的人力资源需求，则将X=7代入趋势线方程，得Y=13.5+120.3×7=855.6≈856人，将以上计算过程填写至答题栏中，单击"提交"完成练习，如图7-5所示。

图7-5　趋势预测法练习

(2) 回归分析法

在"定量预测"页面中，单击"回归分析法"，进入相关页面，如图7-6所示。

图7-6　回归分析法的介绍页面

阅读系统中给出的习题，了解回归分析法的概念并掌握其基本分析流程，如图7-7所示。

图7-7　回归分析法的概念及分析流程

掌握基础的分析方法之后，继续"巩固练习"，练习的要求是使用回归分析法，已知第7年公司的利润目标是15亿元。将第7年的利润目标15亿元带入公式，得$Y=19.72+11.98X=19.72+11.98×15=199.42≈200(人)$，单击"提交"完成练习，如图7-8所示。

图7-8　回归分析法练习

(3) 比例分析法

在"定量预测"页面中，单击"比例分析法"，进入相关页面，如图7-9所示。

图7-9　比例分析法的介绍页面

阅读系统中给出的演示习题，了解比例分析法的概念并掌握其基本分析流程，如图 7-10 所示。

> 比例分析法是基于对员工个人生产效率的分析来进行的一种预测方法。进行预测时，首先要计算出人均的生产效率，然后再根据企业未来的业务量预测出人力资源的需求，即：
> 所需的人力资源 = 未来的业务量 / 人均的生产效率。
> 演示习题
> 某公司的产品研发部门下一年研发的规模为1.4万件，现如今的研发效率为每1研发人员能够研发70件产品，研发效率保持不变的情况下公司产品研发部下一年需要的人力资源就为14000÷70 = 200人

图7-10　比例分析法的概念及分析流程

掌握基础的分析方法之后，继续"巩固练习"。由题目可知，生产部门下一年的生产量目标是 50 万件，且每名员工可生产产品 2 500 件，要求求出在生产效率不变的情况下，下一年生产部门的人力资源需求。

由比例分析法的公式：

$$人力资源需求 = 预测业务量 / 人均生产效率$$

代入数据得：

生产部门下一年的人力资源需求 = 500 000 ÷ 2500 = 200(人)。

将以上计算过程填写至答题栏中，单击"提交"完成练习，如图 7-11 所示。

图7-11　比例分析法练习

(4) 工作分析法

在"定量预测"页面中，单击"工作分析法"，进入相关页面，如图 7-12 所示。

图7-12　工作分析法的介绍页面

首先学习工作分析法的相关理论知识，掌握一定的分析能力，随后开始"巩固练习"，如图 7-13 所示。

图7-13 工作分析法的概念

练习中指出，生产部下个月总工作量所需时间为 4 000 小时，每个员工每天工作 8 小时，每月工作天数 25 天，需求出生产部下个月的人力资源需求。

由工作分析法的计算公式：

人员需求=每月总工作量时间/(每个工日工作时间×每月工作天数)

代入数据得：

生产部下一年的人力资源需求= 4 000/(8×25)= 20人

将以上计算过程填写至答题栏中，单击"提交"完成练习，如图 7-14 所示。

图7-14 工作分析法练习

(5) 行业比例法

在"定量预测"页面中，单击"行业比例法"，进入相关页面，如图 7-15 所示。

图7-15 行业比例法的介绍页面

首先学习相关理论知识，了解行业比例法的基本概念，并通过演示习题来掌握行业比例法的基本分析流程，如图7-16所示。

图7-16　行业比例法概念

对行业比例法有了一定的掌握之后，进行"巩固练习"。由题知，公司有员工700人，人力资源管理人员与总员工数量的比例关系应为1:50，故公司人力资源管理人员的需求为：700/50=14人，将以上计算过程填写至答题栏中，单击"提交"完成练习，如图7-17所示。

图7-17　行业比例法练习

(6) 预算控制法

在"定量预测"页面中，单击"预算控制法"，进入相关页面，如图7-18所示。

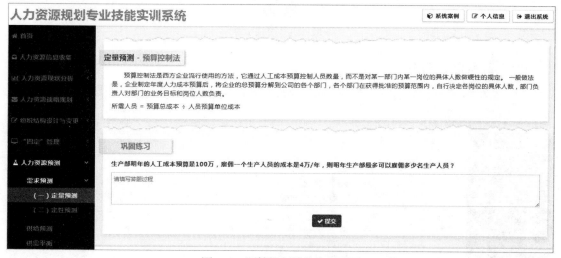

图7-18　预算控制法的介绍页面

首先学习预算控制法的相关理论知识，了解它的基本概念，掌握其基本分析方法，如图7-19所示。

定量预测 - 预算控制法

预算控制法是西方企业流行使用的方法，它通过人工成本预算控制人员数量，而不是对某一部门内某一岗位的具体人数做硬性的规定。一般做法是，企业制定年度人力成本预算后，将企业的总预算分解到公司的各个部门，各个部门在获得批准的预算范围内，自行决定各岗位的具体人数，部门负责人对部门的业务目标和岗位人数负责。

所需人员 = 预算总成本 ÷ 人员预算单位成本

图7-19 预算控制法的概念页面

掌握一定的理论基础之后，开始"巩固练习"。题目中指出，生产部明年的人工成本预算是100万，雇佣一个生产人员的成本是4万/年，求明年生产部最多可以雇佣多少名生产人员。

根据题意，由预算控制法的计算公式：

所需人员=预算总成本÷人员预算单位成本

代入数据得：

生产部明年最多雇佣人员数量= 100 ÷ 4 = 25(人)。

将以上计算过程填写至答题栏中，单击"提交"完成练习，如图 7-20 所示。

巩固练习

生产部明年的人工成本预算是100万，雇佣一个生产人员的成本是4万/年，则明年生产部最多可以雇佣多少名生产人员？

由预算控制法的计算公式：
所需人员 = 预算总成本 ÷ 人员预算单位成本
代入数据得：
生产部明年最多雇佣人员数量 = 100 ÷ 4 = 25人。

✓ 提交

图7-20 预算控制法练习

(7) 计算机模拟预测法

在"定量预测"页面中，单击"计算机模拟预测法"，进入相关页面，如图 7-21 所示。

图7-21 计算机模拟预测法

第7章 人力资源预测

在所有人力资源需求预测方法中，计算机模拟预测法最复杂，系统中对这个方法进行了简单的说明，学生可以阅读相关内容，如图7-22所示，以对计算机模拟预测法有一个比较明确的了解。

定量预测 - 计算机模拟预测法

计算机模拟预测法是人力资源需求预测中最为复杂的一种方法。

这是在计算机中运用数序模型，并按照情景描述法中假定的几种情况对人力资源需求进行模拟测试，它能综合考虑各种因素对企业人员的需求的影响，对组织可能面临的外部环境的变化及自身的复杂动态进行分析，并通过这种分析确定人力资源需求的预测方案。

当然，也可以使用这种方法对某一种情况的几种备选方法进行模拟测试，以选择一种最佳方案，也就是说可以用于评估人力资源政策和项目。随着计算机技术的飞速发展，人力资源管理信息化趋势日益明显，运用计算机技术来完成人力资源的需求预测，在很大程度上依靠计算机强大的数据处理能力。

一些企业已经在组织内部开发出了完善的人力资源信息系统，使用IT技术辅助人力资源管理，将人力资源部门和直接部门所需信息集中在一起，建立综合的计算机预测系统。

图7-22　计算机模拟预测法的介绍

2. 定性预测

进入系统后，在"人力资源预测"下单击"需求预测"→"定性预测"，如图7-23所示，进入定性预测实训页面，开始实训操作。

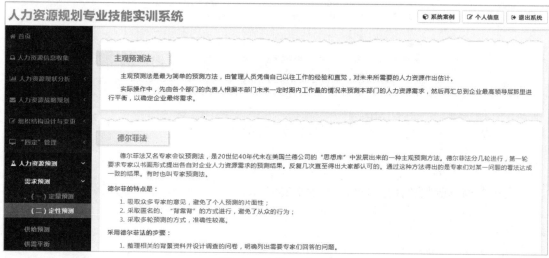

图7-23　定性预测页面

页面中列出了四种定性预测的方法，包括主观预测法、德尔菲法、现状规划法和描述法，且针对每一种方法都有相关的理论知识介绍，学生可通过阅读相关内容，了解每一个定性预测方法的基本知识。

(1) 主观预测法

系统对主观预测法的相关介绍，如图7-24所示。

主观预测法

主观预测法是最为简单的预测方法，由管理人员凭借自己以往工作的经验和直觉，对未来所需要的人力资源作出估计。

实际操作中，先由各个部门的负责人根据本部门未来一定时期内工作量的情况来预测本部门的人力资源需求，然后再汇总到企业最高领导层那里进行平衡，以确定企业最终需求。

图7-24　主观预测法介绍

(2) 德尔菲法

系统对德尔菲法的相关介绍，如图 7-25 所示。

德尔菲法

德尔菲法又名专家会议预测法，是20世纪40年代末在美国兰德公司的"思想库"中发展出来的一种主观预测方法。德尔菲法分几轮进行，第一轮要求专家以书面形式提出各自对企业人力资源需求的预测结果。反复几次直至得出大家都认可的。通过这种方法得出的是专家们对某一问题的看法达成一致的结果。有时也叫专家预测法。

德尔菲的特点是：
1. 吸取众多专家的意见，避免了个人预测的片面性；
2. 采取匿名的、"背靠背"的方式进行，避免了从众的行为；
3. 采取多轮预测的方式，准确性较高。

采用德尔菲法的步骤：
1. 整理相关的背景资料并设计调查的问卷，明确列出需要专家们回答的问题。
2. 将背景资料和问卷发给专家，由专家对这些问题进行判断和预测，并说明自己的理由。
3. 由中间人回收问卷，统计汇总专家们预测的结果和意见，将这些结果和意见反馈给专家们，进行第二轮预测。
4. 再由中间人回收问卷，将第二轮预测的结果和意见进行统计汇总，接着进行下一轮预测。
5. 经过多轮预测之后，当专家们的意见基本一致时就可以结束调查，将预测的结果用文字或图形加以表述。

采用德尔菲法时需要注意以下几个问题：
1. 专家人数一般不少于30人，问卷的回收率应不低于60%，以保证调查的权威性和广泛性。
2. 提高问卷质量，问题应该符合预测的目的并且表达明确，保证专家都从同一个角度去理解问题，避免造成误解和歧义。
3. 要给专家提供充分的资料和信息，使他们能够进行判断和预测；同时结果不要求十分精确，专家们只要给出粗略的数字即可。
4. 要取得参与专家们的支持，确保他们能够认真进行每一次预测，同时也要向公司高层说明预测的意义和作用，取得高层的支持。

图7-25　德尔菲法介绍

(3) 现状规划法

系统对现状规划法的相关介绍，如图 7-26 所示。

现状规划法

人力资源现状规划法是一种简单的预测方法，较易操作。

它是假定企业保持原有的生产和生产技术不变，则企业的人力资源也应处于相对稳定状态，即企业各种人员的配备比例和人员的总数将完全能适应预测规划期内人力资源的需要。

在此预测方法中，人力资源规划人员所要做的工作是测算出在规划期内有哪些岗位上的人员将得到晋升、降职、退休或调出本组织，再准备调动人员去弥补就行了。

图7-26　现状规划法介绍

(4) 描述法

系统对描述法的相关介绍，如图 7-27 所示。

> **描述法**
>
> 描述法是人力资源规划人员可以通过对本企业组织在未来某一时期的有关因素的变化进行描述或假设,并从描述、假设、分析和综合中对将来人力资源的需求进行预测规划。由于这是假定性的描述,因此人力资源需求就有几种备选方案,目的是适应和应付环境因素的变化。

图7-27　描述法介绍

7.4.2　供给预测

进入系统后,在"人力资源预测"下单击"供给预测",如图 7-28 所示,进入供给预测实训页面,开始实训操作。

图7-28　供给预测页面

在供给预测中,系统给出两大类方法,分别是内部供给预测和外部供给预测。其中,内部供给预测的方法有马尔科夫模型、管理人员接替模型、"水池"模型和人力资源信息库法;外部供给预测的方法有市场调查预测法和相关因素预测法。接下来将结合实例对每个方法进行详细的介绍。

1. 内部供给预测

(1) 马尔科夫模型

在"供给预测"页面中,单击"马尔科夫模型",进入详情页,如图 7-29 所示。

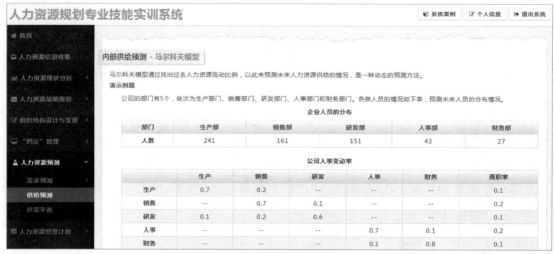

图7-29　马尔科夫模型介绍

在该页面中，学生应首先阅读关于马尔科夫模型的相关概念描述，对其有一个基本的了解。系统中有关于马尔科夫模型的演示例题，认真分析此例题，掌握马尔科夫模型的基本分析与计算流程，如图 7-30 所示。

演示例题

公司的部门有5个，依次为生产部门、销售部门、研发部门、人事部门和财务部门。各类人员的情况如下表，预测未来人员的分布情况。

企业人员的分布

部门	生产部	销售部	研发部	人事部	财务部
人数	241	161	151	43	27

公司人事变动率

	生产	销售	研发	人事	财务	离职率
生产	0.7	0.2	--	--	--	0.1
销售	--	0.7	0.1	--	--	0.2
研发	0.1	0.2	0.6	--	--	0.1
人事	--	--	--	0.7	0.1	0.2
财务	--	--	--	0.1	0.8	0.1

上表表示在任何一年内，生产部的人有90%留在原公司，其中70%留在原部门，而20%转移到了销售部门；销售部门有80%留在原公司，其中有10%转移到了研发部门，70%留在了原部门。这样有了各类人员原始的人数和转移率，就可以预测出未来的人力资源供给情况，将初期的人数与每类的转移率相乘，然后再纵向相加，就得到每类职位第二年的供给量（如下表）。

下一年的企业人员的分布情况

	初期人数	生产	销售	研发	人事	财务	离职合计
生产	241	169	5	--	--	--	25
销售	161	--	113	17	--	--	33
研发	151	16	31	91	--	--	16
人事	43	--	--	--	31	5	9
财务	27	--	--	--	3	22	3
预测供给	--	185	149	108	34	27	86

则由表看出，下一年生产部门的供给量为185，销售部门的供给量为149，研发部门的供给量为108，人事部门的供给量为34，财务部门的供给量为27，整个企业的供给量则为503，将这一供给的预测和需求预测相比较，就可以得出企业下年的净需求。

图7-30　马尔科夫模型例题

(2) 管理人员接替模型

出现"供给预测"页面后,选择"管理人员接替模型",进入详情页,如图 7-31 所示。

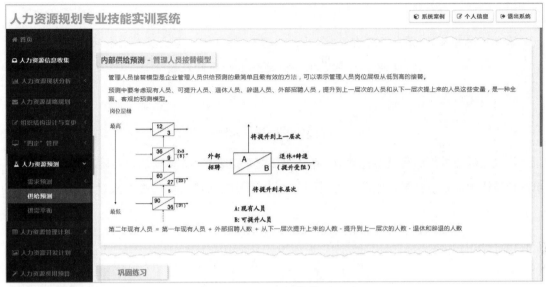

图7-31 管理人员接替模型页面

在该页面中,学生应首先阅读关于管理人员接替模型的相关概念描述,对其有一个基本的了解。根据系统中关于管理人员接替模型的演示例题,认真分析此例题,掌握管理人员接替模型的基本分析与计算流程,如图 7-32 所示。

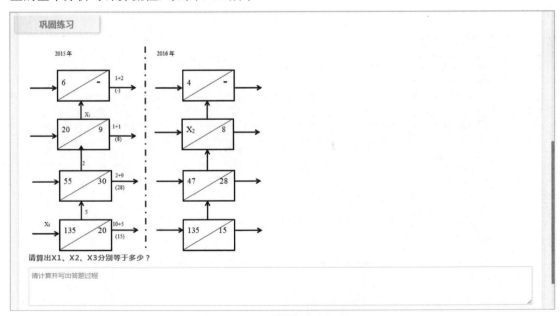

图7-32 管理人员接替模型例题

从管理人员接替模型的公式(第二年现有人员=第一年现有人员+外部招聘人员+从下一层

次提升上来的人数-提升到上一层次的人数-退休和辞退的人数),可以得知:模型中的 B(可提升人员)是包括在 A(现有人员)之中的。

根据题意,由管理人员接替模型的计算公式:

第二年现有人员=第一年现有人员+外部招聘人员+从下一层次提升上来的人数-
提升到上一层次的人数-退休和辞退的人数

代入数据可得:

$$X1=5;\quad X2=19;\quad X3=1$$

将以上计算过程填写至答题栏中,单击"提交"完成练习,提交后,会显示"解析"按钮,单击该按钮生成解析结果,如图 7-33 所示。学生可将解析结果作为参考来对比自己所提交的答案。

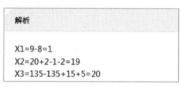

图7-33　管理人员接替模型解析

(3)"水池"模型

在"供给预测"页面中,单击"水池"模型,进入相关页面,如图 7-34 所示。

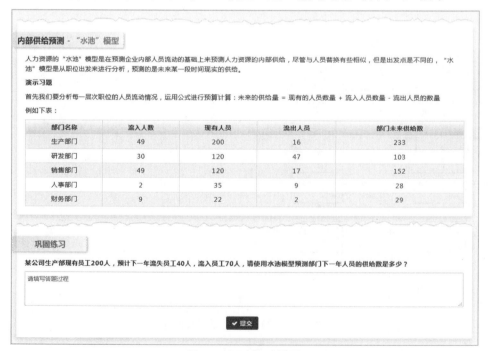

图7-34　"水池"模型

首先学习相关理论知识，了解"水池"模型的基本概念，并通过演示例题掌握"水池"模型的基本分析流程，对"水池"模型有一定的掌握之后，开始"巩固练习"，如图 7-35 所示。

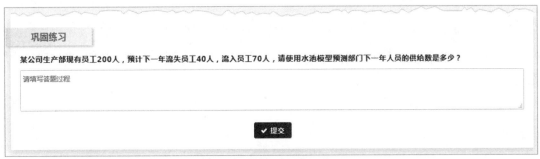

图7-35　"水池"模型巩固练习

由题知，公司生产部有员工 200 人，预计下一年流失员工 40 人，流入员工 70 人，故该部门下一年的供给数为：

$$200-40+70=230(人)$$

将以上计算过程填写至答题栏中，单击"提交"完成练习，提交后，会显示"解析"按钮，单击"解析"，生成解析结果，如图 7-36 所示。

> 解析
>
> 未来的供给量 = 现有的人员数量 + 流入人员数量 - 流出人员的数量=200+70-40=230

图7-36　"水池"模型解析

(4) 人力资源信息库法

出现"供给预测"页面后，选择"人力资源信息库"，进入相关页面，如图 7-37 所示。

> **内部供给预测 - 人力资源信息库法**
>
> 人力资源信息库法是计算机运用于企业人事管理的产物，它是通过计算机建立的记录企业每个员工的技能和表现的功能模拟的总称，从中可获取企业每个员工的晋升、调动、解雇等方面的信息，它比传统的个人档案具有容量大、调用灵活方便、文字信息丰富充实等优点。
>
> ① 技能清单
>
> 　　技能清单的设计针对的是一般员工的特点，根据企业管理的需要，集中收集每个人员的岗位适合度、技术等级和潜力等方面的信息，为人事决策提供可靠依据。清单的项目主要包括雇员的工作岗位、经验、年龄、技术能力、责任以及对雇员工作表现的评价。
>
> ② 管理能力清单
>
> 　　管理能力清单集中反映管理者的管理才能及管理业绩，为管理人员的流动决策提供有关信息。清单的项目主要包括：管理幅度范围；管理的总预算；下属的职责；管理对象的类型；受到的管理培训；当前的管理业绩。

图7-37　人力资源信息库

2. 外部供给预测

(1) 市场调查预测法

在"人力资源预测"→"供给预测"下单击"市场调查预测法",进入市场调查预测法实训界面,如图7-38所示,开始实训操作。在这一界面中,需要学生仔细阅读关于"市场调查预测法"的程序、方案、方法和概念描述。

外部供给预测 - 市场调查预测法

市场调查预测是企业人力资源管理人员组织或亲自参与市场调查,并在掌握第一手劳动力市场信息资料的基础上,经过分析和推算,预测劳动力市场的发展规律和未来趋势的一类方法。由于市场预测方法强调调查得来的客观实际数据,较少人为的主观判断,可以在一定程度上减少主观性和片面性。所以,有人称市场调查预测方法是客观性市场预测法。

市场调查的程序
① 明确调查的目的和任务;
② 情况分析;
③ 非正式调查;
④ 正式调查;
⑤ 数据资料的整理加工和分析。

市场调查的方案
① 普查;
② 抽样调查;
③ 典型调查;
④ 重点调查。

市场调查的方法
① 文献查阅法;
② 询问法;
③ 实验法;
④ 直接观察法;
⑤ 由企业本身积累的资料进行调查。

图7-38 市场调查预测法

(2) 相关因素预测法

在"人力资源预测"→"供给预测"下单击"相关因素预测法",进入相关因素预测法实训界面,如图7-39所示,开始实训操作。学生需要认真了解相关因素预测法的概念,再进行该方法的运用和操作。

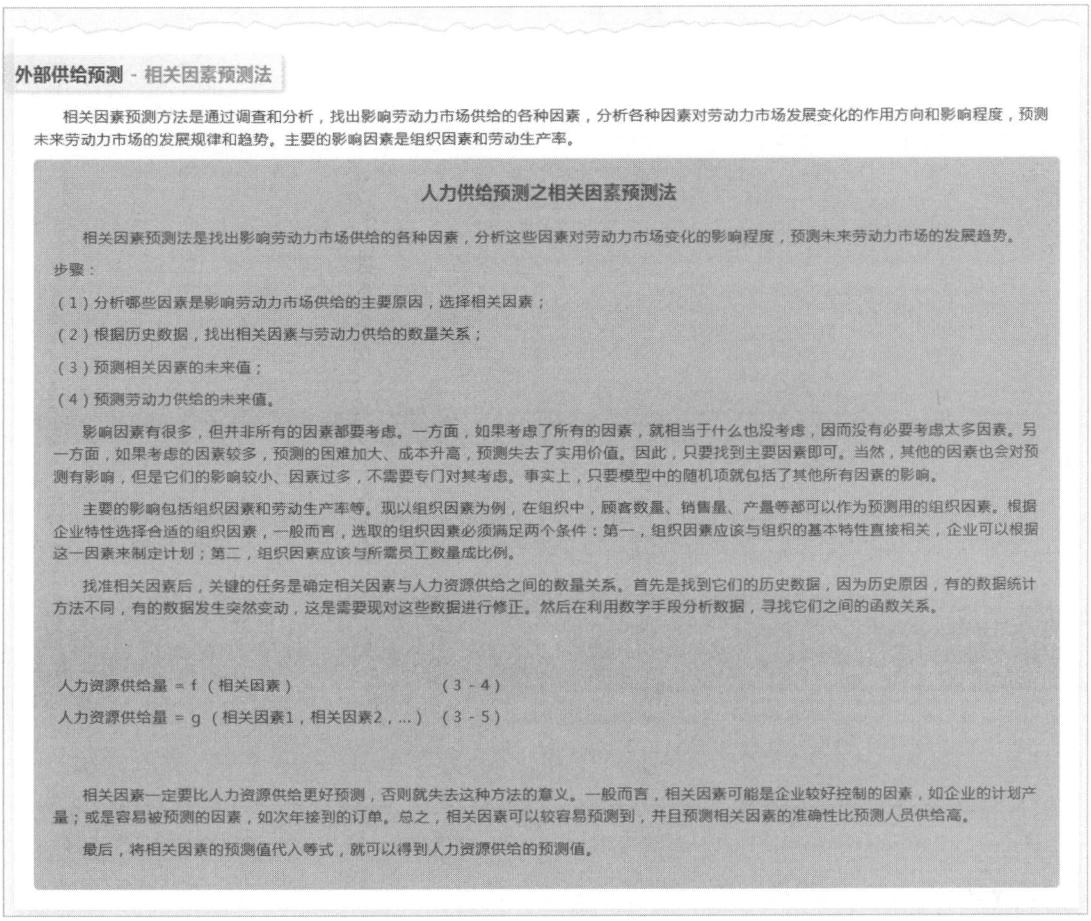

> **外部供给预测 - 相关因素预测法**
>
> 相关因素预测方法是通过调查和分析，找出影响劳动力市场供给的各种因素，分析各种因素对劳动力市场发展变化的作用方向和影响程度，预测未来劳动力市场的发展规律和趋势。主要的影响因素是组织因素和劳动生产率。
>
> > **人力供给预测之相关因素预测法**
> >
> > 相关因素预测法是找出影响劳动力市场供给的各种因素，分析这些因素对劳动力市场变化的影响程度，预测未来劳动力市场的发展趋势。
> >
> > 步骤：
> > （1）分析哪些因素是影响劳动力市场供给的主要原因，选择相关因素；
> > （2）根据历史数据，找出相关因素与劳动力供给的数量关系；
> > （3）预测相关因素的未来值；
> > （4）预测劳动力供给的未来值。
> >
> > 影响因素有很多，但并非所有的因素都要考虑。一方面，如果考虑了所有的因素，就相当于什么也没考虑，因而没有必要考虑太多因素。另一方面，如果考虑的因素较多，预测的困难加大、成本升高，预测失去了实用价值。因此，只要找到主要因素即可。当然，其他的因素也会对预测有影响，但是它们的影响较小、因素过多，不需要专门对其考虑。事实上，只要模型中的随机项就包括了其他所有因素的影响。
> >
> > 主要的影响包括组织因素和劳动生产率等。现以组织因素为例，在组织中，顾客数量、销售量、产量等都可以作为预测用的组织因素。根据企业特性选择合适的组织因素，一般而言，选取的组织因素必须满足两个条件：第一，组织因素应该与组织的基本特性直接相关，企业可以根据这一因素来制定计划；第二，组织因素应该与所需员工数量成比例。
> >
> > 找准相关因素后，关键的任务是确定相关因素与人力资源供给之间的数量关系。首先是找到它们的历史数据，因为历史原因，有的数据统计方法不同，有的数据发生突然变动，这是需要现对这些数据进行修正。然后在利用数学手段分析数据，寻找它们之间的函数关系。
> >
> > 人力资源供给量 = f（相关因素）　　　　　　　　（3-4）
> > 人力资源供给量 = g（相关因素1，相关因素2，…）（3-5）
> >
> > 相关因素一定要比人力资源供给更好预测，否则就失去这种方法的意义。一般而言，相关因素可能是企业较好控制的因素，如企业的计划产量；或是容易被预测的因素，如次年接到的订单。总之，相关因素可以较容易预测到，并且预测相关因素的准确性比预测人员供给高。
> >
> > 最后，将相关因素的预测值代入等式，就可以得到人力资源供给的预测值。

图7-39　相关因素预测法

7.4.3　供需平衡

进入系统后，在"人力资源预测"流程下单击"供需平衡"，如图 7-40 所示，进入供给平衡实训页面，开始实训操作。

认真阅读人力资源预测—供需平衡的内容，了解供需平衡的四种状态。掌握一定的理论基础之后，接下来开始进行实训练习部分。在练习中，系统给出了实训练习题，如图 7-41 所示。学生需要通过阅读系统案例，判断案例中企业的人力资源供需状况，并给出相应的对策建议。

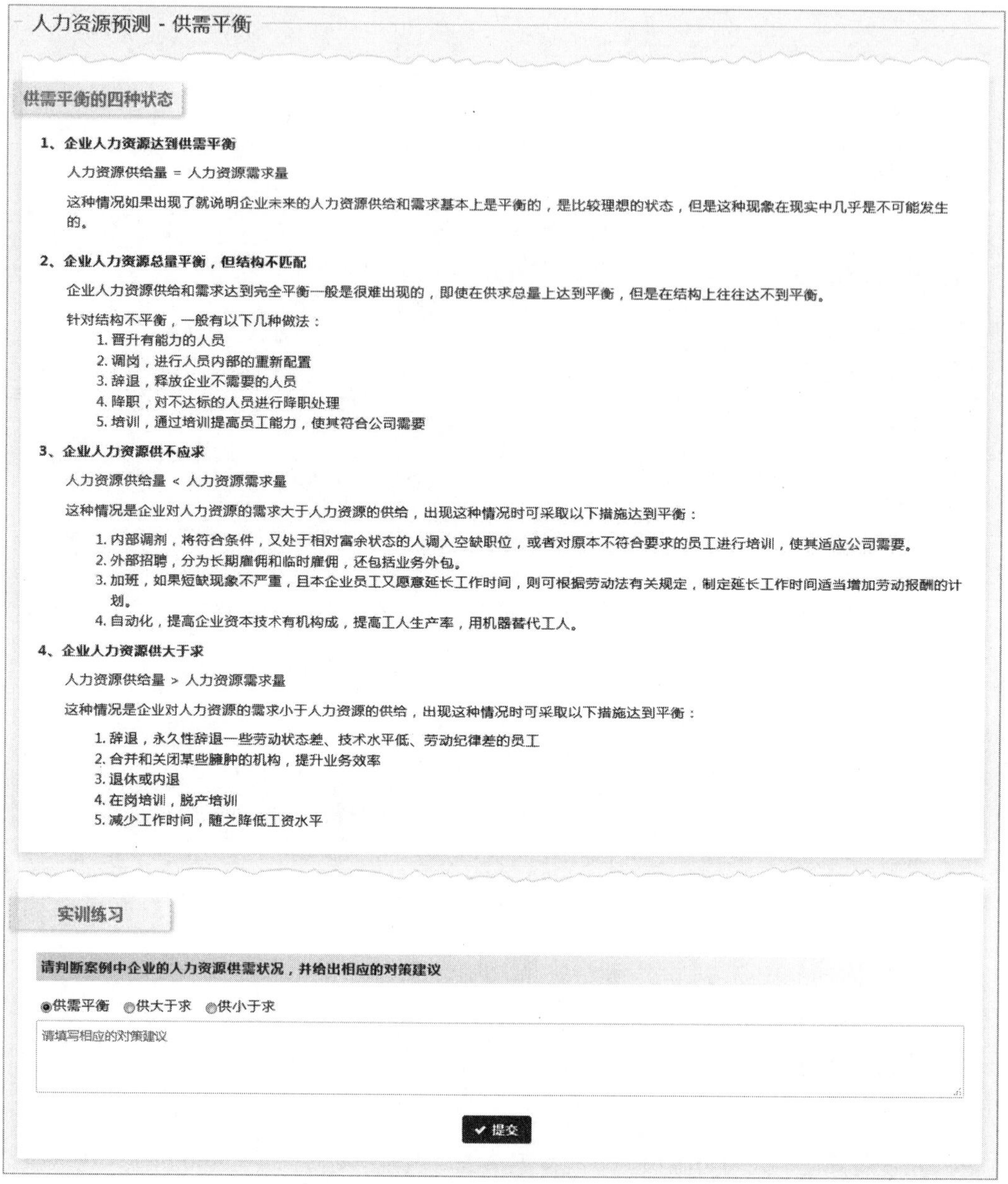

人力资源预测 - 供需平衡

供需平衡的四种状态

1、企业人力资源达到供需平衡

人力资源供给量 = 人力资源需求量

这种情况如果出现了就说明企业未来的人力资源供给和需求基本上是平衡的,是比较理想的状态,但是这种现象在现实中几乎是不可能发生的。

2、企业人力资源总量平衡,但结构不匹配

企业人力资源供给和需求达到完全平衡一般是很难出现的,即使在供求总量上达到平衡,但是在结构上往往达不到平衡。

针对结构不平衡,一般有以下几种做法:
1. 晋升有能力的人员
2. 调岗,进行人员内部的重新配置
3. 辞退,释放企业不需要的人员
4. 降职,对不达标的人员进行降职处理
5. 培训,通过培训提高员工能力,使其符合公司需要

3、企业人力资源供不应求

人力资源供给量 < 人力资源需求量

这种情况是企业对人力资源的需求大于人力资源的供给,出现这种情况时可采取以下措施达到平衡:
1. 内部调剂,将符合条件,又处于相对富余状态的人调入空缺职位,或者对原本不符合要求的员工进行培训,使其适应公司需要。
2. 外部招聘,分为长期雇佣和临时雇佣,还包括业务外包。
3. 加班,如果短缺现象不严重,且本企业员工又愿意延长工作时间,则可根据劳动法有关规定,制定延长工作时间适当增加劳动报酬的计划。
4. 自动化,提高企业资本技术有机构成,提高工人生产率,用机器替代工人。

4、企业人力资源供大于求

人力资源供给量 > 人力资源需求量

这种情况是企业对人力资源的需求小于人力资源的供给,出现这种情况时可采取以下措施达到平衡:
1. 辞退,永久性辞退一些劳动状态差、技术水平低、劳动纪律差的员工
2. 合并和关闭某些臃肿的机构,提升业务效率
3. 退休或内退
4. 在岗培训,脱产培训
5. 减少工作时间,随之降低工资水平

实训练习

请判断案例中企业的人力资源供需状况,并给出相应的对策建议

● 供需平衡　○ 供大于求　○ 供小于求

[请填写相应的对策建议]

✔ 提交

图7-40　供需平衡

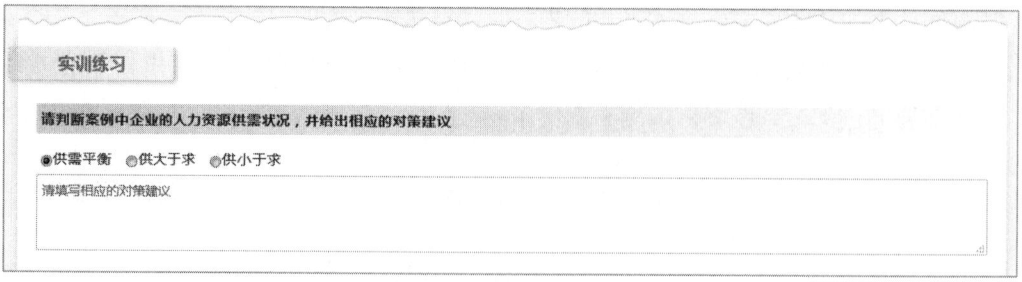

实训练习

请判断案例中企业的人力资源供需状况,并给出相应的对策建议

● 供需平衡　○ 供大于求　○ 供小于求

[请填写相应的对策建议]

图7-41　供需平衡练习

从系统案例中了解到，上通电信设备有限公司关于人力资源预测的总体方向是扩张。首先，从战略规划中的两方面：提升人力资源管理者素质和完善人才培养品质，其目的是提高员工和管理者的工作效率，说明人力资源的配备与公司所需要的还有一定的差距。其次，上通公司还在举办集体活动，2016年在这方面总计花费了100万元。然后，在内部员工的激励计划上，激励计划主要以激励有突出贡献的核心人才和高学历证书的员工为主。在一部分员工身上，上通电信公司就支出了200万的激励费用。最后，从2016年员工的离职来看，2016年上通公司一共有63人离职，而增加的员工数却只有15人。所以，从这几个方面来看，上通电信公司在人力资源的供需水平中供小于求。因此需要聘请高端技术人员、管理人员和销售人员；将精力集中于技术研发和创新，引进人才，提高企业的创新能力。

参考以上分析，选出人力资源供需水平，并填写完整相关的对策建议，单击"提交"，完成练习。提交后，会显示"解析"按钮，单击这个按钮，就可以得到解析结果，如图7-42所示。学生可将解析结果作为参考来对比自己所提交的方案。

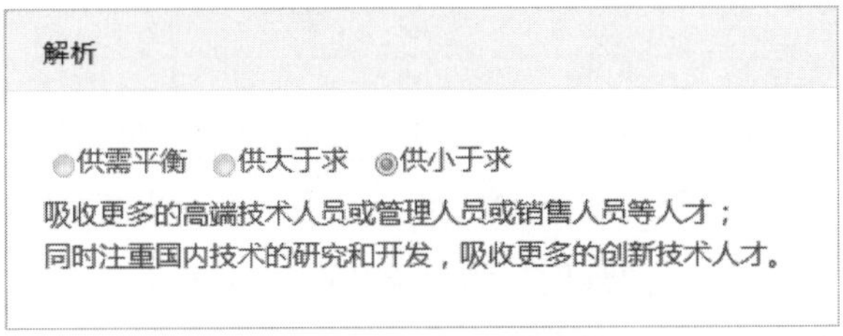

图7-42 供需平衡解析

简答题

1. 在进行人力资源需求预测时可以使用哪些方法？
2. 供给预测的相关模型和方法有哪些？供给预测的影响因素有哪些？做供给预测时需要遵循哪些步骤？
3. 简述现实的人力资源需求和供给之间的关系存在哪四种情况，以及出现时的解决办法。

案例分析题

上通电信设备有限公司的主营业务是交换传输无线数据、电信相关产品等，为全球用户提供网络设备、支持服务及相关全套的解决方案。上通在全世界共建立了8个地区部以及55个代表处，为270多个运营商提供服务。

上通电信设备有限公司实行员工持股制度。这种制度在公司发展过程中起到了特有的支柱作用，并且能够对公司进行高效的控制，使公司能够有着持续性的提升发展。目前公司的人力资源分配情况如下：

职工分工情况：公司创立之初，仅仅是一个有着不足20人的小型企业，发展到如今，公司已经成为拥有将近1600人的国际性的大企业。其中，专业技术人员约占员工总数的40%，高层管理人员有20人左右。

职工学历和职称：与一般企业相比，上通电信设备有限公司的员工学历较高，五分之四都是本科及以上学历，其余则为大专及以下学历。而在所有员工中，有中高级职称的仅占31%。由此可见，高学历低职称的员工仍为大多数。很显然，这种结构对公司的发展很不利。

职工的工龄结构分配：员工中工作时间达到5年以上的仅占12%，而5年以下的却占了绝大部分，大约88%。这种结构表明职工的流动性很大，同时进一步说明该公司无法长期留住员工，这也和公司的快速发展以及这几年来的人才招聘活动息息相关。

问题

简要分析上通电信设备有限公司的人才需求和供给情况，以及二者之间的平衡情况。对出现的这种状况，你有哪些建议？

参考文献

[1] 赵曙明. 人力资源战略与规划[M]. 北京：中国人民大学出版社，2017.

[2] 刘明鑫，刘崇林. 人力资源规划[M]. 北京：电子工业出版社，2010.

[3] 贺秋硕，喻靖文. 人力资源管理案例引导教程[M]. 北京：人民邮电出版社，2010.

[4] 伍双双. 人力资源开发与管理[M]. 北京：北京大学出版社，2002.

[5] 王文强. 企业文化的系统学思考[J]. 系统辩证学学报，2005，13(1)：91-95.

第 8 章
人力资源管理计划

📖 课前导读案例

∞ 英特尔独特的招聘之路 ∞

英特尔公司是一家有着五十多年历史的全球最大的计算机零件(CPU处理器为主)制造商。

英特尔公司如今的成就,与其独特的招聘之道也有着很大的关系。英特尔公司有很多种招聘方法,其中包括委托专门的猎头公司,通过公司的官网发布等。

英特尔公司有一种特殊的招聘方式——公司员工推荐招聘。这种独特的招聘方法有很多的优势。它最大的好处在于现有职员对英特尔公司比较熟悉,对所要推荐的人也有一定的了解,由于对双方都较了解,所以更清楚这个人是否适合英特尔,在英特尔是否能够获得成功。

这种方法比直接面试更加有效,公司和面试者之间的相互了解都更深。英特尔公司也特别鼓励员工使用这种方法来推荐优秀人才进入公司,而且还设立了奖罚机制。对于推荐成功的员工会对其进行奖金鼓励,而决策者是没有奖励的;但是一旦出现招聘的人不合适的情况,招聘责任人(也就是决策者)就会得到相应的惩罚。所以招聘负责人会牢牢把握招聘准则,避免裙带关系。

英特尔的这种招聘方法让公司可以吸纳和留住更多人才,使得公司有了更好的发展。

思考

英特尔公司的公司员工推荐招聘的招聘方法属于哪种类型?企业的人力资源管理还有哪些方式?

8.1 人力资源招聘计划

在这个瞬息万变的时代,市场竞争越来越激烈,只有秉承"人才取胜"的竞争法则,企业才能获得成功。在知识经济条件下,人才竞争是企业之间竞争的根本,正所谓,"得人才者昌,失人才者亡"。一句话,人才支撑了企业的发展,对于组织成功的作用至关重要。因此,如何找到适合组织发展的优秀人才,是企业发展的关键。但人才的选聘离不开制订合适的人力资源招聘计划[1]。

要想得到具备与组织相匹配的工作能力和工作动机的人力资源,组织必须依靠良好的招聘计划和方案,其主要包含拟定招募计划、预备招募资料和明确招聘途径。

1. 拟定招募计划

拟定招募计划的基本要求是因事选人而不是因人设事,也就是人、事匹配。招募计划的具体内容有以下几项:

(1) 人力资源需求预测。即根据公司的发展规划及公司所在外部环境的变化,推测未来可能需要的人才类型。

(2) 把上述预测需求同公司现状相比较。包括组织中现有人力资源的数量、素质类别及年龄等因素。

(3) 根据比较结果,同时考虑人才的需求和供给,明确招聘的员工类型及数量。

(4) 拟定招聘方案。如果招聘较高级别的职位,可根据实际情况适当放宽标准;但如果招聘基层员工,则可以在公司附近的区域进行招聘,以提高公司员工工作的稳定性。

2. 预备招募资料

为了让招聘工作能够顺利进行,通常在招聘工作正式开展之前需要设计好相关的文件以及各种需要的表单。一般情况下,员工招聘工作需要的文件有岗位说明书、招聘申请表、面试登记表等,如表 8-1~表 8-3 所示。

表8-1 岗位说明书(范例)

岗位名称		所属部门		岗位编号	
直接工作上级			工资等级		
工作目的:					

(续表)

工作要求:

工作责任:

衡量标准:

工作难点:

工作禁忌:

职业发展道路:

任职资格:

表8-2 招聘申请表(范例)

申请部门		岗位名称		需求人数		工作地点	
岗位需求	□离职补充 □调动补充 □人员储备 □岗位扩编 □临时用工							
需求等级	□非紧急 □一般紧急 □紧急							
岗位要求	一、岗位资格(按要求的重要程度由强到弱填写)							
	1、性别要求:□男 □女 □不限							
	2、年龄要求:							
	3、学历要求:□大专及以上 □本科及以上 □硕士及以上 □博士 □其他____							
	4、专业要求:							
	5、技能要求:							
	6、证书要求:							
	7、其他要求:							
	二、工作职责(按要求的重要程度由强到弱填写)							
	1、							
	2、							
	3、							

(续表)

薪资建议	试用期工资：		试用期限　个月	
	合同期工资：		合同期限　年	
	其他：			

招聘执行人		岗位复试责任人	
部门负责人意见	□同意　□不同意(说明原因) 签名： 日期：	综合管理部意见	□同意　□不同意(说明原因) 签名： 日期：
副总经理意见	□同意　□不同意(说明原因) 签名： 日期：	总经理意见	□同意　□不同意(说明原因) 签名： 日期：

表8-3　面试登记表(范例)

姓名		性别		婚否		(照片)
籍贯		身份证号				
出生日期		E-mail				
家庭电话		联系电话				
户籍所在地						
现住地址						

亲属姓名	亲属关系	职业	工作单位	联系电话

教育情况

时间	学校名称	专业	学历	证件号

工作经历

时间	单位名称	所在部门职位	月薪

(续表)

担保人	身份证号码	居住地	联系电话

所属部门	职务	部门领导

到岗时间	

备注：个人所填资料必须属实，如有虚报，一经查实，将予以解雇。
签名：

3. 明确招募途径

确定人员招募的途径是众多招聘活动环节中重要的一项，这将会影响到招募的员工的工作素质，甚至影响到公司的经营效益。常见的招募途径有下面几种：

(1) 校园招募。校园是各类人才的丰富来源之一，目前也有许多企业在有意向的大学设立一些奖学金或助学金，以便面临毕业的学生在毕业后优先选择这些企业，实为一项招募校园人才的良策。

(2) 现职员工介绍。由现职员工介绍推荐的招募方法是企业中较为常见的招聘方法，优势在于取才较易，且应聘人员容易对企业产生认同感。但是这也会产生一定的劣势，即容易受到介绍员工的人情干预，他们容易形成小团体，不利于企业的管理。

(3) 使用亲属。这种做法在中小企业组织中比较流行，员工易对企业组织认同并有一定的忠诚度，但也有因为存在亲属关系而不好管理的潜在问题。

(4) 毛遂自荐。学有专长且具有特殊技能的人才大多偏向于采用这种方法求职。当收到这类资料时，应根据需求对他们进行面试或测试，若实在无法录用，也要建立完整的人才档案来专门管理其资料。

(5) 第三方中介。通过第三方中介可以招募到专业技术人才，且招募成本相对较低。特别是近年来专业的猎头公司相继出现，为企业猎取人才。对于高职位和特殊人才，可以借助这种方法招募，外资企业大多依赖这种方法加速实现其人力资源的本土化战略。

(6) 网络招聘。网络招聘是指招聘部门通过互联网或公司官网发布公司在一定时间内的招聘信息，同时采取电子邮件等多种形式收集有关的应聘信息，根据招聘要求筛选处理后，确定初步面试的人员。这种招聘形式增加了招聘的范围，大大减少了招聘前期所需的时间、人力和物力成本，提高了效率。

(7) 外部人才库。企业可以建立外部人才库，利用各种机会向社会推广，吸引对本企业感兴趣的各项人才加入外部人才库，以备不时之需。但该方式的劣势在于这些人才的流动性较大，导致资料库不能被及时更新。

8.2　人力资源调岗计划

人力资源调岗计划是为了满足公司各部门的人员要求以及考虑到员工的个人未来发展趋势，在公司内部对员工的工作岗位进行的调整调换(包括同级之间的升职或降职)。一个企业，如果出现了不合适的人员调岗，会对公司的发展产生巨大的影响，其领导人无法展现出杰出的领导能力，而全体成员的积极性、主动性和创造性也就得不到恰当的发挥；同时，如果下属工作人员分配得不合理，有可能会加重领导层的工作[2]。

8.2.1　员工职位调整

1. 员工调动

员工调动是指公司员工在各岗位间的横向调整(一般是同级间流动)，不会出现晋升或降职。员工岗位的合理调动可以满足企业的内部人员构成需求，同时也可以满足员工自我提升的需要。

对员工进行调动首先应做好三方面的准备工作：一是分析员工现有的状况和能力，二是判断员工是否能够满足新工作的胜任能力要求，三是对员工调动的必要性进行分析。一般员工调动的原因可以分为组织需要和个人需要。组织需要是指由于企业战略调整、发展趋势或其他方面的原因，需要员工进行岗位调动；个人需要是指个人由于人际关系、经验积累或能力锻炼等方面的需要，主动申请提出的岗位调动。但是当个人自我提升的需要和公司企业发展的需要产生矛盾时，应当以公司的发展需要为主[3]。

另外，企业应根据国家的相关规定来组织人员调动管理，这样不仅可以把因此给公司和个人带来的损失降到最低，还可以使企业避免由此可能带来的诉讼问题。

2. 员工晋升

员工晋升是指员工在组织中由低级职位向更高级职位变动的过程，晋升往往与更大的责任、更高的薪酬相对应。职位的晋升展现出企业对升职员工工作能力以及他对企业的忠诚度的赞赏。所以公司需要制定公平合理的晋升机制，这样能更好地调动员工积极性和创造能力，同时也能更好地维护公司发展稳定。

3. 员工降职

员工降职是指公司员工向更低级别职位调动的过程。此过程会使员工的岗位责任和收入降低。

一般而言，如果出现下列四种情况中的一种，就会对员工进行降职调动：一是由于企业的需要而精简工作人员时，有部分员工需要进行降职调动；二是当员工无法胜任本职工作，而其他同等级工作岗位上没有空缺时，则需要降职调动；三是员工由于身体、个人能力等原因自己申请所进行的降职；四是依照组织的奖惩条例对员工进行的降职。管理人员要对被降职的员工进行鼓励和多沟通，使其调整心态，在新的岗位上做出成绩。

8.2.2 调岗计划的操作流程

人力资源调岗主要包括外派、调岗、借调、待岗等工作政策，与之相对应的操作流程也有所不同。

1. 外派流程

指人事部门根据分支机构提交的岗位要求派遣符合标准的人员，并填写人事变动表以及职务说明书，最后需要人力资源部门审核。人力资源部门根据职位说明书的要求，对选派人员进行资质审核并提出有效建议，最后上交领导部门批准。随后人力资源部门向派遣员工及其所在部门以及将要派往机构发出内部调整通知单。派出部门可根据实际需要在一定的时间内(派遣员工任期满前30天内)，上报人事部门调整外派安排。

2. 调岗流程

如果是企业提出调岗的，应由人力资源部门出面，协调好调出员工及其所在部门，在得到相关部门负责人同意后，填写人事变动表和工作评估表，并上交领导批准。

如果是员工自己主动提出的调岗，应该由员工本人填写书面申请以及人事变动表，并上交所在部门领导批准，然后再填写工作评估表，最后人力资源部门根据公司规定的流程向相关部门发出内部调整通知单。

3. 借调流程

由公司或拟借调单位的管理层提出，并且需要经过公司的人力资源部门同相关部门领导协调。一般是用人部门提出申请，填写人事变动表，相关部门签字后，上报公司领导批准，最后由人力资源部门发出内部调整通知单。

4. 待岗流程

待岗请求由用人部门提出，填写书面申请(说明原因)及人事变动表，交人力资源部门审批。用人部门和人力资源部门在一定时间内(两个星期)应妥善安排该员工的工作安排，否则转为离职。

8.3 人力资源缩减计划

当人力资源产生过剩现象时，必须进行人员缩减，甚至遣退效率低的员工或冗员，为公司企业降低人力资源成本，提高工作效率，主要方案有提前退休、缩短工作时间、解聘等。对于那些被公司辞退的员工，公司要给予其一定的经济补偿。

在制定企业人力资源缩减规划时，必须确定被裁减人员的类型以及裁减的形式和时间安排。缩减规划方案有以下几种分类：

(1) 首选合作分工减少工作时间为主，然后裁员为主的方案。由于企业以裁减员工为主的缩减规划对企业中所有员工的打击都很大。即使未被裁员的职工也整日处于将被裁减的压力下，无法集中全身心为提高企业的经营状况尽力，而且会促使一些具有特殊才能的员工坚定离开企业的决心。所以应以全体员工共同分担工作为主，其次再考虑裁员。

(2) 先考虑裁减合同已经到期或者即将退休的员工，再考虑合同期内员工的方案。对于那些即将退休的员工，如果离退休年龄在三年以内，可以采取让其提前退休的方式进行人员裁减；如果离退休年龄在三年以外五年以内的员工，可以选择让其离岗休息，到年龄后再办理相关手续。

(3) 优先采纳自愿留职或停职的情况，其次采纳被动减员。所以要提前了解哪些员工有留职或辞职的计划，先对这些员工进行主动裁减，而后才执行被动裁员的缩减规划。

(4) 暂时裁员，等公司状况改善后再吸纳原被裁员工。企业有良好发展的基础就是人力资源，当公司遭到经营环境的压力，迫不得已进行裁员时，必须注意这些被裁减掉的员工在今后经营情况改善后很难重新吸纳，所以企业在缩减规划中应该明确和被裁减员工的联系方法。

(5) 先考虑将非关键员工裁减，再裁掉关键岗位员工。但是即使是非关键岗位，减员数量也应该适量，不能使这些岗位无法运转。

(6) 先裁减资历尚浅员工，后以裁减资历较深的员工为主。因为资历深的员工往往具有丰富的工作经验，可以在企业的艰难运行中发挥支柱作用。而资历浅的员工往往年纪轻、经验少，在公司的艰难时期以及以后的恢复期，都无法发挥出适合公司发展的骨干力量。

(7) 优先裁掉业绩不好的员工，然后再裁业绩优秀的员工。那些技能、水平低的员工不利于公司的发展，所以在裁员时应优先考虑。

8.4 人力资源外包计划

外包具有"外部寻求资源"的含义。详细地说，就是企业在其有限的内部资源环境下，未获得尽可能优越的竞争地位，只保存它最具有竞争强势的所谓核心资源，将那些不太具有竞争性的资源托付于外部力量给予资源的优化配置，实现成本减少、绩效提升、核心竞争力增强以及提升企业以更好地适应变化的能力的一种新的运作方式。人力资源外包是指企业将一些不涉及公司机密的重复性工作外包给其他相关组织机构的活动[4]。

8.4.1 外包的内容及方式选择

1. 外包的内容

外包过程应主要包含以下关键要素：

(1) 外包提出方有外包项目需求说明；

(2) 外包承接方有外包项目计划书；

(3) 双方商议协调好后签订外包协议书；

(4) 外包承接方依据协议内容所承包的人力资源活动，外包提出方依据协议内容的规定方式付费；

(5) 可终止外包关系的情况：有任何一方的行为违反了签订协议内容；或者提出方对承接方的工作结果不满意且有书面证明。

简单地说，外包过程就是一个合同或协议签订及履行的过程。当企业(外包方)需要把人力资源职能外包的时候，需根据外包内容制订一个项目需求的说明书。人力资源服务公司(承接方)如想承接此项目，需针对企业(外包商)提供的项目需求说明，编制项目计划书。外包双方针对项目计划书达成一致后，签订并履行正式协议或合同，如发生意外情况，双方可根据协议或合同的约定终止合同[5]。

2. 外包方式的选择

(1) 全面人力资源外包。指把企业绝大部分的人力资源活动承包给相关组织机构完成。

(2) 部分人力资源外包。这是目前最普遍采用的方式。企业根据自己的实际需要，保留企业内部的一些人力资源职能，只外包特定部分工作。

(3) 人力资源人员外包。指企业留有所有的人力资源人才，让组织机构提供维持企业运作平衡的人员。

(4) 分时外包。部分企业会选择分不同时间段将人力资源活动承包给外部服务商。

8.4.2 外包的运作流程

外包的运作一共有 4 个流程，首先是确定外包的内容，其次是选择外包的服务商，然后是选择外包的方式，最后是外包的实施。

1. 确定外包的内容

对人力资源工作来说，不含公司机密的工作内容，如岗位介绍、招聘员工、薪酬福利等工作，都可以考虑外包给相关机构。

2. 选择外包的服务商

选择外包的服务商一般需要从外包价格、外包承接方的口碑以及外包服务商的可靠性等几个方面考虑。

3. 选择外包的方式

外包的方式一般会分为三类。一类是常见的从事相关工作的中介组织机构；第二类是普通的中介咨询组织机构；第三类是企业可以向专家或者专业机构寻求帮助。

8.5 人力资源管理计划实训

人力资源管理计划是根据企业的发展规划，明确人力资源部的工作性质(内容和工作流程)。

在本次实训中，人力资源管理计划包含了招聘计划、调岗计划、缩减计划以及外包计划。针对每一项人力资源管理计划，系统中都给出了相关的理论知识来供学生学习，也相应地给出了实训练习供学生进行实践操作，学生应在充分掌握各部分计划的理论知识之后开始实训练习，完成本次实训。

进入系统之后，在任务栏选择"人力资源管理计划"，如图 8-1 所示，点击相应的项目即可开始对应的实训。

图8-1　人力资源管理计划

8.5.1　招聘计划

进入系统后，在"人力资源管理计划"下单击"招聘计划"，如图8-2所示，进入招聘计划实训页面，开始实训操作。

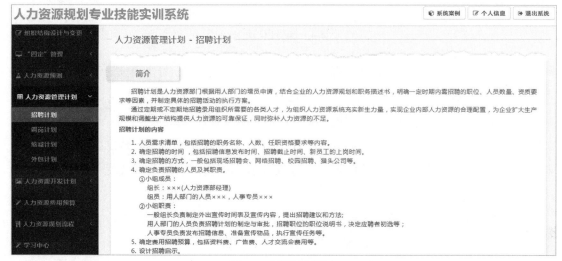

图8-2　招聘计划简介

首先，阅读简介部分给出的内容，了解关于招聘计划的相关理论知识。在掌握一定的理论基础之后，开始实训练习这一环节。学生需要通过阅读如图8-3所示的案例，按要求对其进行分析。

图8-3　实训练习

案例中指出，某公司拟在5月20日之前招聘生产人员20人，财务人员2人，研发人员3人，根据以上信息，需要学生撰写一篇招聘计划，并填写招聘计划表，如图8-4所示，表中内容应包括招聘岗位及要求、招聘时间及方式以及招聘小组成员。

招聘岗位及要求		
请填写岗位	请填写岗位	请填写岗位
请填写岗位任职要求	请填写岗位任职要求	请填写岗位任职要求

招聘时间及方式

招聘时间：

招聘方式：

招聘小组成员

请输入招聘小组成员

图8-4　撰写招聘计划

显然，案例中已指出，招聘岗位有生产、财务以及研发。关于每个岗位的任职要求，学生可从学历、工作经验、工作技能等方面来制定。

招聘时间里面应明确提出开始时间和结束时间，同时告知员工到岗时间。招聘方式有现场或网络招聘、校园招聘、猎头公司等，应结合具体情况来制定招聘方式。成立招聘小组后应选定组长(一般由人事部经理或主管任职)，组员可选择所招聘部门的人员以及人事专员来共同组成。

按照以上的分析步骤，确定出最终方案，并填写完整招聘计划表，如图 8-4 所示，单击“提交”，完成练习。提交后，会显示“解析”按钮，单击“解析”，生成解析结果，如图 8-5 所示。

解析

招聘岗位及要求		
生产	研发	财务
1、具有初中以上文化程度，从事本工作一年以上； 2、熟悉所从事本工作的相关知识，具有一定的工作技术能力； 3、具有强烈的责任感、危机感和忧患意识，个人与公司荣辱与共； 4、熟悉生产管理工作程序；	1、理工科相关专业本科以上学历; 2、具有2年以上相关专业的研发工作经验; 3、具备本行业的相关产品、技术方面的知识储备; 4、具备创新能力以及沟通协调能力; 5、具备良好的团队合作能力;	1、初步掌握财务会计知识和技能，熟悉并能认真执行有关会计法规和财务会计制度。能担负一个岗位的财务会计工作。 2、具有大学专科或中等专业学校的学历 3、在财务会计工作岗位上见习一年

招聘时间及方式

招聘时间：　招聘信息发布5月4号，招聘截止5月15日，上岗日5月25日　招聘方式：

生产人员采用现场招聘和网络招聘 研发人员采用校招和猎头 财务人员采用熟人推荐、校招和人才交流中心相结合

招聘小组成员

组长：×××(人力资源部经理)

图8-5　解析招聘计划

8.5.2 调岗计划

在"人力资源管理计划"下单击"调岗计划",进入调岗计划实训页面,如图 8-6 所示,开始实训操作。

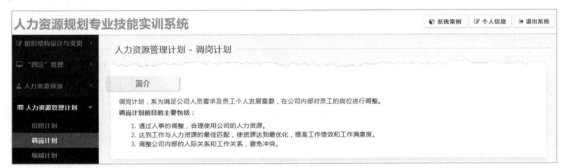

图8-6 调岗计划实训

首先,阅读简介部分所给出的内容,了解关于调岗计划的相关理论知识。在掌握一定的理论基础之后,开始进入实训练习部分。在练习中,系统给出了一个案例,如图 8-7 所示。学生需要通过阅读案例,按要求对其进行分析。

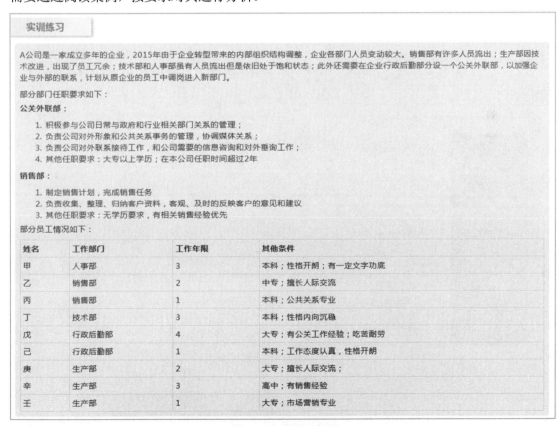

图8-7 实训练习案例

在案例中，由于企业的销售部有许多人员流出，并且还需要设一个公共外联部，此外，生产部出现人员冗余，人事部和技术部人员处于饱和状态，因此销售部和公关外联部便需要从其他部门调入一些人员。案例中还给出了部分员工的一些基本情况，学生应根据所得信息制订出企业的人员调岗方案，并填写调岗计划表。表内包含需调岗的员工姓名、原部门及调岗部门。单击"增加"按钮，可以增加组成项；勾选需要删除的项目，单击"删除"按钮，可以减少相应的组成项。

从案例中可以了解到工作在人事部的甲员工工作经验较为丰富，性格开朗，因此可以考虑将其调入销售部，而丁员工性格较为内向，不太适合销售类工作。戊员工在行政后勤部工作年限已达4年，并且还有公关工作经验，因此适合调入公关外联部。另外，生产部的庚员工擅长人际交流，辛员工虽然学历不突出，却有着丰富的工作经验，壬员工学习专业符合要求。因此，综合考虑后可选择将庚员工调入公关外联部，将辛和壬两位员工调入销售部。乙和丙两位员工继续待在销售部，不做调整。

参考以上的分析，确定出最终的调岗方案，并将调岗计划表填写完整，单击"提交"，完成练习。提交后，会显示"解析"按钮，单击"解析"，生成解析结果。

8.5.3　缩减计划

在"人力资源管理计划"下单击"缩减计划"，进入缩减计划实训页面，如图8-8所示，开始实训操作。

图8-8　缩减计划实训页面

首先，认真阅读简介部分的内容，了解关于缩减计划的相关理论知识。在掌握一定的理论基础之后，接下来开始进入实训练习部分。在练习中，系统给出了一个案例，如图8-9所示。学生需要通过阅读案例，按要求对其进行分析。

第 8 章 人力资源管理计划

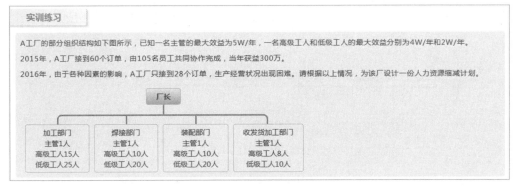

图8-9 实训练习

案例中，A 工厂在 2015 年接到了 60 个订单，由 105 名员工共同协作完成，当年获益达 300 万，经营情况良好。但是在 2016 年，由于各种因素的影响，接单量下降，只接到了 28 个订单，这样一来，便出现了人力资源过剩现象，必须制订 2016 年的缩减计划来进行人员缩减。学生应根据所得信息制订出企业的人员缩减方案，并填写缩减计划表。表内包含计划缩减的部门，缩减的职位以及人数，还有缩减后的效益总和。

从案例中了解到 A 工厂共有 4 个部门，分别是加工部门、焊接部门、装配部门以及收发货加工部门。每个部门的人员编制为一名主管和数名高级以及低级工人，且一名主管的最大效益为 5 万/年，高级工人和低级工人的最大效益分别为每人每年 4 万和 2 万。由于 2016 年工厂的接单量相比于 2015 年下降了一半多，且加工部门人员相对较多，因此加工部门必定会出现人员过剩现象，故应该重点对加工部门进行人员缩减。至于其他部门，在不影响企业生产的前提下也可以适当裁员。

参考以上的分析，确定出最终的人员缩减方案，并将缩减计划表填写完整，如图 8-10 所示，单击"提交"，完成练习。

2016年度A工厂人力资源缩减计划表

部门	缩减人员职位	缩减人数	缩减后工作效益总和
加工部门	高级工人	4	81 W/年
	低级工人	9	
焊接部门	高级工人	1	79 W/年
	低级工人	1	
装配部门	高级工人	1	79 W/年
	低级工人	1	
收发货加工部门	高级工人	1	51 W/年
	低级工人	1	
总计		19	290

图8-10 缩减计划表

提交后，会显示"解析"按钮，单击"解析"，生成解析结果，如图 8-11 所示。

部门	缩减人员职位	缩减人数	缩减后工作效益总和
加工部门	高级人员	4	89W/年
	低级人员	9	
焊接部门	高级人员	1	89W/年
	低级人员	1	
装配部门	高级人员	1	87W/年
	低级人员	1	
收发货加工部门	高级人员	1	87W/年
	低级人员	1	
总计		19	352

图8-11　缩减计划表解析

8.5.4　外包计划

在"人力资源管理计划"下单击"外包计划"，进入外包计划实训页面，如图 8-12 所示，开始实训操作。

图8-12　外包计划实训页面

认真阅读简介部分的内容，了解关于外包计划的相关理论知识。掌握一定的理论基础之后，接下来开始进入实训练习部分。在练习中，系统给出了一个案例，如图 8-13 所示。学生需要通过阅读案例，按要求对其进行分析。

第8章 人力资源管理计划

> **实训练习**
>
> W公司，成立于1995年，是中国较早成立的专业人才公司。经过10多年的时间，W公司不断发展创新，已经成为"中国最大的民营人才市场"之一。随着公司业务与规模的不断扩大，公司人力资源管理面临的挑战与压力也越来越大。各业务部门总是抱怨人手不够，同时部分员工又抱怨工作饱和度不够，薪资偏低，年终奖金分配不合理，随意性太大，而管理层没有办法确切了解到人均产值，也很难考察到每个人是否尽力工作。
>
> 各业务部门经常大规模招聘，但是看不到业绩的大幅上升。与公司一起成长"打江山"的大量老员工，常常以功臣自居，人浮于事、效率低下。公司管理层经过认真分析，认为这种现象源于长期以来公司没有一套合理的绩效考核体系，薪资不能很好地与绩效挂钩。

图8-13　实训练习

在本例中，W公司在不断扩大招聘规模，但是并没有看到业绩的大幅上升。管理层分析发现，这种现象源于公司没有一套合理的人力资源管理方案，具体来说是缺少一套合理的绩效考核体系。学生应结合案例所给的信息，认真分析公司在人力资源管理方面的需求，并为其制订人力资源外包方案，填写外包计划表(含外包内容、方式以及服务商选择标准等)。制订外包计划首先要确定外包的内容。

从案例中可以了解到公司面临由于没有系统的绩效考核标准而导致的薪酬和绩效无法衔接的问题，因此可以考虑将薪酬以及工作分析方面的工作外包，并且这些工作都相对比较安全，适合外包。

在确定好外包的内容后，应进一步考虑外包的服务商，可以在外包价格、信誉以及质量等方面来考虑，确保其合理、可靠。

最后一步就是根据企业的自身发展状况明确外包的方式，一般有普通咨询机构、专业的人力资源服务机构以及科研所的专家或机构三类。

按照以上的分析步骤，确定出最终的外包计划，并填写外包计划表，如图8-14所示。单击"提交"，完成练习。提交后，会显示"解析"按钮，单击"解析"，生成解析结果。

图8-14　外包计划

简答题

1. 简述企业制订招聘计划需要包含的内容以及制订招聘计划需要遵循的原则。
2. 简述企业实行调岗计划的目的以及调岗计划的操作流程。
3. 简述缩减计划的内容，以及在缩减后如何对缩减人员进行管理。
4. 企业选择外包计划有什么好处？如何选择外包方式？

案例分析题

乐通技术有限公司是一家从事通信设备(有线、无线业务以及终端领域)相关业务的民营公司。作为国家重点企业、创新企业，研究的课题中有近30项为重点课题，乐通每年的科研成本占销售收入的10%，同时在许多国家设立了多达16个研究机构。

由于人力资源是公司的重要资本，乐通技术公司尤其重视公司的人才队伍的配置。始终坚持用"品德为先""公平竞争""共同竞争"的原则来选拔聘请以及培养企业优秀人才。

为了进一步发展企业，扩展企业规模，公司员工的编制需要进行适当调整。2016年公司增加了一个部门产品部，下设有产品研发部和技术研发部，人员来源主要以调岗为主。在人员增加方面，公司对应届大学生采取了"蓄水池"工程，为了满足企业的发展需要，在进行需求预测之后，为了招聘高水平的员工，填补生产、技术、财务、销售等部门的空缺，公司采用综合招聘方式，即多种方式(网络招聘、校园招聘和猎头招聘)同时进行。预计招聘费用5000万元。乐通技术有限公司前些年的战略是"拓疆域行天下"，比较集权，造成了乐通技术有限公司经理强势的管理风格；但由于过于集权，导致下属部门缺少自主权。企业发展中形成比较硬朗、粗犷的企业文化，不能对员工关系管理、客户管理、战略调整等起到很好的导向作用。据不完全统计，2015年共有2866人岗位变动，其中晋升578人，转岗2288人。

问题

1. 请帮助该企业拟定一份招聘计划，其中包含招聘时间、招聘方式以及招聘小组成员等。
2. 如果你是该公司的管理人员，在管理上是否会选择外包？如果选择外包，会选择对哪些内容进行外包？

参考文献

[1] 黄麟. 人力资源管理外包的风险控制[M]. 北京：新华出版社，2015.

[2] 石磊. 技术性人力资源管理：系统设计及实务操作[M]. 成都：西南财经大学出版社，2012.

[3] 桂昭明. 人力资源管理[M]. 武汉：华中科技大学出版社，2008.

[4] 王育瑾. 人力资源外包研究. [EB/OL]https://zl.hrloo.com/file/217548，2012-12-18.

[5] 佚名. 人力资源规划. [EB/OL]https://zl.hrloo.com/file/314348，2013-03-28.

第 9 章 人力资源开发计划

📖 **课前导读案例**

某火电公司拥有300MW以上级别国内一流的机组,二期工程正在筹建中。该公司自成立以来,公司高管层数次更迭,企业战略多次调整,股权结构两次重大变更。但因电力行业中生产人员流动低的特点,其生产人员主体依然是公司组建期间进入公司的员工。公司现存人力资源结构如下:员工平均学历为大专,平均年龄33岁,其中基层员工数量与中层管理者数量相比悬殊,缺乏明确的职务说明,没有形成清晰的职位体系。

该火电公司现有人力资源结构显示出专业技能低的特点,随着行业竞争加剧,技术迭代更新,现有员工的知识技术存量、能力素质结构将面临瓶颈问题,员工缺乏技术方向发展的职业通道,一旦发生变革,员工很难适应。

通过对以上的问题进行解析,我们发现,可以通过人力资源开发的方法解决所有的问题。

首先,科学合理地设计企业职位体系,在企业内部为员工建立技术类岗位的职业发展通道。

第二,经过工作分析,明确岗位职责和岗位任职资格,分析各岗位在企业变革中承担责任的不同,并得出各岗位发展所需要的能力模型,并以此为标准衡量、评价员工能力。

第三,帮助企业员工设计职业发展规划,树立正确的职业发展方向,鼓励员工在岗或离岗培训,不断学习提升自身素质能力,从而优化企业员工素质能力结构。

第四,帮助员工以自身素质能力的现状为基础,制订发展计划,使员工适应企业不断发展的需求。

(资料来源：以人力资源开发优化人力资源结构. 中国人力资源开发网.)

思考

总结该火电公司人力资源开发的方式，该方式对其他传统企业有怎样的借鉴意义？

9.1 人力资源晋升计划

组织一旦确定员工工作所需的技能，并根据员工一定阶段内的绩效表现进行评估，此时人力资源晋升计划就可能派上用场了。一个零经验的新员工往往被分配去做"起始工作"，一段时间后，员工就有可能被晋升去做需要更多知识和技能的工作。这些工作会为员工打开个人职业生涯发展的通道[1]。

晋升计划实质上是组织晋升政策的一种表现形式。对一个企业来说，根据计划晋升有能力的员工，以满足岗位职务的要求，是组织的一个主要职能。从员工个人角度来看，按照计划的晋升能够满足员工的自我实现需求。在晋升计划中，既要避免因为频频更换岗位而造成员工的心理缺乏安全感，又要防止固化，造成员工无法看到个人发展的未来，影响员工的积极性和能动性。

9.1.1 晋升方式

员工晋升方式按晋升范围可分为部门内晋升和部门间晋升；根据晋升前后岗位和薪酬的变化可分为职位晋升、薪资晋升，职位晋升、薪资不变，职位不变、薪资晋升；根据不同的晋升时期划分为定期晋升和不定期晋升。这三种分类是根据不同的依据来划分的，它们彼此之间并不冲突。

1. 依据晋升范围划分

(1) 部门内晋升：指本部门员工岗位的提升。部门经理根据本部门的实际情况，经考核后作出提升安排，并报人力资源部审核。

(2) 部门间的晋升：指员工在公司不同部门之间的调动。经考核后，提交预备转入部门的《员工晋升(转正)表》，经部门主管审核，呈送总经理批准后，报人力资源部审核。

2. 依据岗位、薪资变化划分

(1) 职位晋升、薪资晋升：职位和薪资两者同时得到晋升。
(2) 职位晋升、薪资不变：只有职位得到晋升，原有的薪资保持不变。
(3) 职位不变、薪资晋升：只有薪资得到晋升，原有的职位保持不变。

3. 依据晋升期划分

(1) 定期晋升：指企业按照每年的经营情况，在年终统一进行员工的晋升。
(2) 不定期晋升：指在年度中，对企业有特别贡献、表现优异的员工，予以随时晋升。

9.1.2 影响晋升的因素

为了制订正确的人力资源晋升计划，有必要对影响晋升的各种因素进行分析。这些因素主要包括：员工资历因素、工作绩效因素、潜力因素，以及企业的岗位需求因素。

1. 员工资历因素

在决定员工晋升时，通常需要考虑员工工作时间的长短，以及其是否具备担任某些职位或职称所需要的任职资格。因为员工的工作时间和任职资格往往可以反映员工在工作中积累的经验和能力，并表明其是否具备应对不同情况的能力。

2. 工作绩效因素

工作绩效是员工努力提高知识和技能的综合反映，是对工作成果或结果的评价因素，只有工作出色的员工才能获得晋升机会。

3. 潜力因素

员工的绩效只代表对过去工作的评价，而潜力因素则表明员工在未来可能达到的高度和能力。这就需要对他们的潜在能力进行评估，以确定他们是否能够胜任将来的工作。

4. 企业的岗位需求因素

企业在其经营活动中，由于人力资源的流动和经营环境的变化，往往导致一些岗位人员短缺，急需补充这些岗位。此时，企业应采取更加宽松的政策，对这些急需补充的岗位进行晋升。

企业在制订晋升计划时，必须考虑哪些因素是晋升的主要选择原则。在企业的晋升政策中，一些关键岗位的晋升主要考虑工作绩效和潜在因素。但是，为了保持企业人力资源队伍的稳定，在一些非主要职务岗位或次要岗位上需要考虑员工的资历、素质等。

9.2 人力资源培训计划

人力资源培训计划是人力资源管理的重要内容，依据企业总体的人力资源战略规划和组织需要，利用各种培训方式对各级各类员工进行有计划的、系统性的培养或训练，使得员工自身技能水平不断提升，适应岗位需求、端正工作态度，高效完成工作任务，确保员工能够按照组织期望的标准或水平完成本职或更高级别工作，最终实现组织目标[2]。人力资源培训是帮助员工成长的重要手段。实施培训计划有助于减少员工流动性，提高生产效率，稳定员工队伍。

9.2.1 培训计划的意义

从组织的角度和个人的角度出发，人力资源培训计划具有两个方面的意义。

1. 从组织角度出发

(1) 培训和开发有助于提高本组织的竞争力。培训可以提高员工的工作质量，减少损耗，减少组织事故的发生；开发可以发现员工的潜能，激发员工的创新欲望。

(2) 培训和开发有助于形成良好的组织文化。对新员工的培训要包含企业的经营理念、职业道德等，以此形成深厚的组织文化，培养员工的敬业精神，形成共识，以激励员工为组织做出更多贡献。

(3) 培训和开发有助于增加组织的外部吸引力。随着经济和时代的不断发展，组织对于人才的竞争十分激烈。新一代员工正日益成为组织的生力军。由于成长的时代和背景不同，新生代员工更注重职业发展，他们对组织的关注程度远远高于新生代之前的员工。因此，为新生代员工提供有竞争力的培训和开发项目，不仅可以增加组织吸引人才的优势，同时还能留住组织的内部员工。

(4) 培训和开发有助于员工适应组织战略目标的调整和转变。随着科学技术的发展，组织面临着激烈的竞争。为了适应不断变化的市场需求，组织应该不断调整和改变自己的战略目标。组织培训和开发员工，可以有效解决组织对人力资源的需求，即帮助员工掌握新的知识、技能和理念，以满足战略目标的需求。

2. 从员工个人角度出发

(1) 让新入职员工尽快进入角色。刚加入企业的员工，由于对一个群体感到陌生，容易受到内部排斥，不利于工作的完成。培训和开发可以帮助员工更好地进入角色，快速了解他们的团队成员、工作环境和工作责任等。

(2) 让员工具有较强的职业竞争力。对员工的培训和开发，能够提高员工技能和人际交往能力，帮助员工树立良好的工作目标，更清晰地明确自己的优缺点，从而确定自己的发展方向，进而提高自己的专业能力。

(3) 让员工提高工作效率。通过培训，可以提高员工的竞争能力，帮助员工更好地完成工作，同时提高员工的工作效率。

9.2.2 制订培训计划的程序

1. 明确培训需求

培训需求是整个培训与开发体系的起点。确定培训对象和培训内容是培训需求分析的主要目的。主要从三个层面来分析：

(1) 组织层面。在组织战略的指导下，明确组织未来的发展目标。

(2) 部门层面。在组织目标的指导下，不断细分组织目标，明确现有员工的素质是否能够匹配未来组织发展目标的要求。

(3) 岗位等级。当部门明确内部成员不具备实现组织目标的能力时，可以通过培训和开发，提高现有人员实现组织目标的能力。

2. 确定培训内容

培训内容是为培训对象服务的，根据培训对象定义培训和开发的内容。一般来说，根据组织成员的构成状况，培训内容可从三个层面来分析：①新员工培训。指为了让员工更快地融入组织而进行新员工培训。培训内容基本上与工作的基本背景和组织的概况有关。②一般员工培训。培训内容主要包括岗位轮换培训、组织文化培训和工作能力提升的培训。③管理人员培训。根据管理工作的类型，管理人员的培训内容主要包括领导力、组织能力、战略能力、控制能力、沟通能力等的培养。

3. 选择培训主体

培训主体的选择主要有两类：一类是组织内的培训机构，比如人力资源部、培训部和组织内部的大学；另一类是组织外的培训机构，比如专业培训机构、大学等。

4. 选择培训方法

要根据培训的内容选择培训方法。培训方法主要包括在职培训、教学法、工作轮换法、实践法、研讨法和演示法等。

(1) 在职培训：指上司在具体的工作中指导下属员工，开发员工知识、技能和能力的训练方法。

(2) 教学法：指由专门的教师实行，针对员工进行专门领域的知识教授。

(3) 工作轮换法：指把员工从一个工作岗位调整到另外一个同等水平的工作岗位。

(4) 实践法：指员工在切实的工作岗位中不断实操演练，体验并积累工作所需的技能。

(5) 研讨法：指让员工在培训教师的组织下，通过互相交流、启发，从而提升自身的知识和技能。

(6) 演示法：指培训教师通过各种实物、教具，进行示范性演示，从而提升员工的知识和技能。

5. 设计培训课程

培训计划的重点就是设计培训课程，课程设计的前提是要明确掌握受训对象的培训需求，这种培训需求还要与工作岗位要求、职业技能提升、职业规划及组织目标实现紧密结合起来。首先，根据接受培训人员的级别，明确接受培训人员的工作能力、工作职责，明确现有岗位要求与岗位人员的差距，最终形成培训的重点内容；然后，对培训的重点内容进行系统的分析和梳理，确定课程的内容；最后，根据岗位需求对培训课程进行排序。

6. 培训与开发活动的保证和监控

在培训与开发的过程中，必须及时实施培训控制和监控。在组织环境不断变化的情况下，为了提高培训的效果，必须对培训进行监视和控制，发现培训过程中存在的问题要及时纠正，使培训能够达到预期的效果。

9.3 人力资源激励计划

激励是一种非常有效的管理手段。在进行员工激励时，领导者必须明确激励的原因、对象和方法。否则，可能会打击员工的积极性，使员工的行为偏离领导的初衷，而起不到激励作用。因此，为了提高企业的业绩水平，制订人力资源激励计划具有决定性的作用。

9.3.1 激励理论

1. 马斯洛理论

美国心理学家马斯洛在《人类激励理论》这本书中首次提出需求层次理论。1954年又在《激励与个性》一书中对该理论作了进一步的阐述。他认为行为的产生是由需求诱发的，人类的基本需求有五类，分别是：生理需求、安全需求、社会需求、尊重需求和自我实现需求。自我实现需求是人的最高诉求，只有满足了其他四项基本需求，才能产生最高需求。通常，如果某一层次的需求得到相对满足，就会向更高层次发展，就需要提供更高层次的激励[3]。

2. 期望理论

1964年美国心理学家弗鲁姆在《工作与激励》这本书中提出了期望理论。期望理论指出，当人们产生某种特殊的需求渴望时，就会激发自身行动进而达到这一目标。在尚未实现这个目标之前，表现为一种期望，这时对个人的动机来说，目标反过来又是一种激发的力量。期望理论的公式是：

$$激励力 = 效价 \times 期望值$$

公式中的激励力是指人们受到激励的程度。人们对某一行动所产生结果的主观评价称为效价。期望是人们对某一行动导致特定结果的可能性的评估。从该公式可以看出，只有当员工将某一工作结果的价值看得越重，并且估计获得该结果的可能性越大，这种行为结果的激励作用才能达到最大。当效价和期望值中任一个值等于零时，激励无效。

3. ERG理论

在马斯洛理论的基础上奥尔德佛提出了 ERG 理论。该理论提出了"生存，关系和成长理论"。他认为，马斯洛提出的五种需求是人类固有的，而其他五种需求则可以通过学习获得。而且，若干需求可能会在一段时间内共同发挥作用，对需求的满足也不是按照顺序进行的。他同时指出，当较高层次的需求无法满足时，个人可能会更加关注满足较低层次的需求。在某种需求基本获得满足之后，对这种需求的期望程度未必会减弱，甚至有可能提高。具体来说有生存需求、关系需求及成长需求三种需求。生存需要主要指人类最基本的需要，囊括了马斯洛需求层次理论中的生理需要和安全需要。关系需要是人们对保持人际关系的要求，对应了马斯洛需求层次理论中的社会需要和尊重需要。成长需要指人类期望成功、获得认可的愿望，对应了马斯洛需求层次理论中尊重需要和自我实现需要[4]。

9.3.2 激励方式

激励是人力资源的重要组成部分,是指激励员工的工作动力。企业应该利用各种有效的手段和方法最大限度地调动员工工作的积极性和创造性,最大程度地发挥员工的价值,完成组织交给的任务,从而最终实现组织的目标。

激励按照表现形式划分,可以分为精神激励和物质激励。按照时间长短形式划分,可以分为短期激励计划和长期激励计划。从短期看,精神激励包括口头表扬、荣誉称号、短期培训、授权和目标任务沟通,物质激励包括福利和薪酬。从长期看,精神激励包括员工职业生涯规划、工作使命、员工晋升、企业文化、企业愿景和长期培训,物质激励包括期权、股份和利润分享。

9.4 人力资源职业生涯计划

自首次参加工作开始,按编年的顺序,把员工一生中所有工作的活动与工作的经历串联在一起的全过程称为职业生涯[5]。人力资源的职业生涯规划,是指为了调动员工的积极性,使得员工在实现个人职业目标的同时完成组织目标而进行的一系列管理活动,如计划、组织、领导和控制、培训和开发。

员工职业生涯规划是一个动态过程。在该过程中,企业根据发展战略需求,为员工提供满足其需求的职业发展渠道,帮助员工确定职业发展目标,通过量身定制的培训帮助员工延伸职业通道,利用轮岗拓宽员工工作能力,帮助员工实现其发展目标。职业生涯规划适用于企业中所有员工的职业生涯规划管理。

1. 职业生涯规划的基本分类

职业生涯规划按照持续时间长短,通常可以分为短期、中期和长期规划。短期规划指三年之内的规划,主要是确定短期目标和计划要完成的任务。中期规划通常为三到五年的规划,它是以近期目标为基础进行设计的。长期规划的时间为五到十年,主要是设定长期发展目标。

2. 职业生涯规划的发展方式

"纵向职业发展"和"横向职业发展"是职业生涯规划的两种发展方式。这两种发展方式与岗位对口的专业和员工学历有关。同时,职业生涯规划设计中,员工的学历等级关系到获得培训的机会。

职位晋升通道就是纵向职业发展，是指在一个企业内部，根据任职要求、工资待遇等因素，将岗位分成不同的级别，形成由高到低的职位序列。企业执行竞争上岗、择优录取的制度，员工沿着这种职位序列逐步晋升。

职业转换就是指横向职业发展，是指员工在具备相关的专业知识，满足岗位的任职要求的条件下，在不同的职业类别之间转换。

9.5 人力资源开发计划实训

企业的人力资源开发是指在企业现有的人力资源基础上，依据企业战略目标、组织结构的变化，对人力资源进行分析、规划、调整，从而提高现有的人力资源水平，提高人力资源管理效率，为企业创造更大的价值。

在本次实训系统中，人力资源开发计划包括：晋升计划、培训计划、激励计划以及职业生涯计划。针对每一项人力资源开发计划，系统中都给出了相应的实训练习供学生进行实践操作，学生应在充分掌握各部分计划的理论知识之后开始实训练习，完成本次实训。

登录系统之后，在左侧任务栏选择"人力资源开发计划"，如图9-1所示，单击相应的项目即可开始对应的实训。

图9-1 人力资源开发计划

9.5.1 晋升计划

进入系统后，在"人力资源开发计划"下单击"晋升计划"，如图9-2所示，进入晋升计划实训页面，开始实训操作。

图9-2 晋升计划

首先,阅读简介,自主学习了解晋升计划的相关知识,具有一定的理论基础之后,开始实训练习。在本次实训中,系统给出了一个案例,如图9-3所示。学生需要通过阅读案例,按要求对其进行分析。

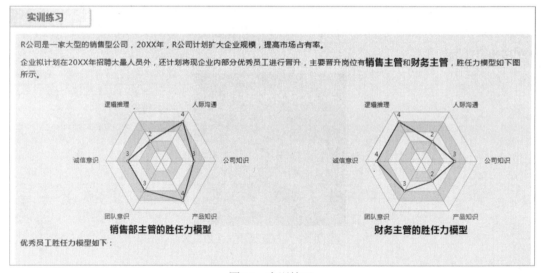

图9-3 实训练习

在本案例中,要求从7位优秀员工中选出两位并分别晋升为销售主管和财务主管,并给出了销售主管和财务主管的胜任力模型,如图9-3所示,同时也给出了7位优秀员工的胜任力模型,如图9-4所示。

第 9 章 人力资源开发计划

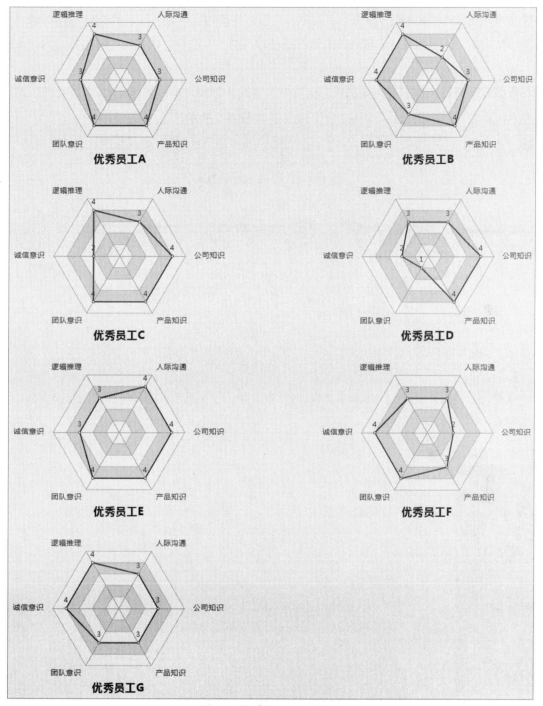

图9-4 优秀员工胜任力模型

对比胜任力模型可知，销售主管需要对产品知识有深刻的掌握，并且要有较强的人际沟通能力；而财务主管则需要有较强的诚信意识与逻辑推理能力。在 7 位优秀员工中，员工 E 的产品知识与人际沟通的能力指标都为 4，与销售主管的职位比较符合，并且公司知识与团队意识的能力指标也是 4，综合能力较强，因此可将其晋升为销售主管。另外，员工 G 的诚信意识与逻辑推理的能力指标都是 4，与财务主管的胜任力模型基本符合，因此，可将其晋升为财务主管。

根据以上分析，得出最终人选后，将其填入晋升计划表，单击"提交"，完成实训练习，提交后，单击"解析"按钮，可生成解析结果，如图 9-5 所示。

姓名	能力						晋升岗位
	逻辑推理	人际沟通	公司知识	产品知识	团队意识	诚信	
优秀员工E	3	4	4	4	4	3	销售部主管
优秀员工G	4	3	3	3	3	4	财务部主管

图9-5　晋升计划表

9.5.2　培训计划

在"人力资源开发计划"下单击"培训计划"，如图 9-6 所示，进入培训计划实训页面，开始实训操作。

图9-6　培训计划

首先学习"简介"部分，掌握培训的概念以及实施的步骤。有了一定的理论基础之后，开始实训练习。在本次实训中，系统案例如图 9-7 所示。学生需要先阅读案例，然后按要求对其进行分析。

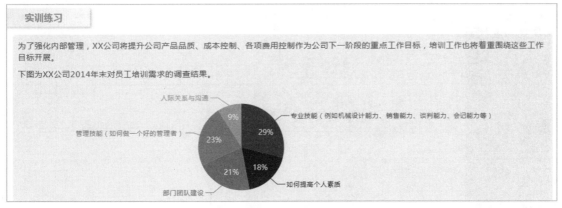

图9-7　实训练习

案例中公司对员工从五个方面的培训需求展开调查，包括专业技能、人际关系与沟通、管理技能、部门团队建设以及如何提高个人素质。调查结果表明，在员工的培训需求中，排名前三的三个需求是专业技能、管理技能以及部门团队建设，分别占比29%、23%、21%。因此，专业技能、管理技能以及部门团队建设的培训应作为企业下一年培训工作的重点。

根据以上分析，得出最终培训方案，并填入培训计划表，单击"增加"按钮，可增加培训项目，选中相应项目，单击"删除"，可删去相应的培训项目。填写完毕后，单击"提交"，完成实训练习。提交后，单击"解析"按钮，会生成解析结果，如图 9-8 所示。学生可将解析结果作为参考来对比自己所提交的方案。

XX公司2015年度员工培训计划表

本计划适用于 2015-01-01 至 2015-01-01

培训项目	培训对象	负责人	培训方式	培训地点	培训费用
管理技能	管理人员	培训主管	在岗	室内	3000
部门团队建设	全部人员	培训主管	脱岗	室外	4000
专业技能	各部门成员	培训主管	在岗和脱岗	室内	3000

图9-8　培训计划表

9.5.3　激励计划

在"人力资源开发计划"下单击"激励计划"，如图 9-9 所示，进入激励计划实训页面，开始实训操作。

图9-9 激励计划

首先阅读"简介"部分，了解激励的方式等相关理论知识。在掌握一定的理论基础之后，开始实训练习。在本次实训中，系统给出了一个案例，如图9-10所示。学生需要先阅读案例，然后按要求对其进行分析。

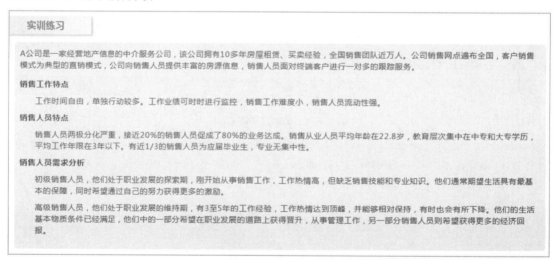

图9-10 实训练习

在本次练习中，需要为公司的销售人员制订合理的激励计划。阅读案例可以知道，公司内分为初级销售人员和高级销售人员。

初级销售人员往往是应届毕业生或者刚刚从事销售工作，为了生活能够得到保障，会比较注重物质奖励，针对这种情况，在制订激励计划时，一方面应给他们提供合理的薪酬和福利，使其生活有保障，另一方面可以用长期的利润分享使对方认真地去努力工作。

高级销售人员有着丰富的工作经验，并且物质生活基本已经得到满足，他们中的一部分希望获得职业上的晋升，另一部分销售人员则希望获得更多的经济回报。在制订激励计划时应以精神激励为主导。针对前者，可以根据他们自身的需求与能力来进行培养，使其逐步发展至管理层；针对后者，可以提高他们的薪酬水平，以此来激发其工作热情。

总结以上分析，得出公司最终的激励计划，填入激励计划表中。右键单击人员项可添加激励计划，也可删除添加的激励计划项。填写完毕后，单击"提交"，完成实训练习。提交完成后，会出现"解析"按钮，单击之后生成解析结果，如图9-11所示。学生可将解析结果作为参考来对比自己所提交的方案。

	方法	计划内容
初级销售人员	物质激励	制定合理的薪酬和福利，并用利润分享等长期物质激励使对方努力
高级销售人员	精神激励	充分考虑高级销售人员的个性化需求，以权力需要为主导需求的培养进入管理层，以金钱需求为主导需求的以更高的薪酬刺激其工作热情

图9-11　激励计划表

9.5.4　职业生涯计划

在"人力资源开发计划"下单击"职业生涯计划"，如图9-12所示，进入职业生涯计划实训页面，开始实训操作。

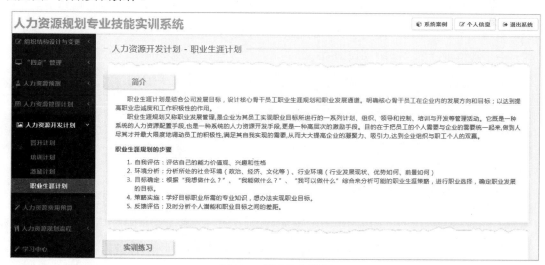

图9-12　职业生涯计划

首先，阅读简介里的相关内容，了解职业生涯计划的概念以及意义，掌握职业生涯计划的步骤等相关理论知识。有了一定的相关知识基础之后，开始进行实训练习，如图9-13所示，系统在此给出一个案例，学生需要先阅读案例，然后根据要求对其进行分析。

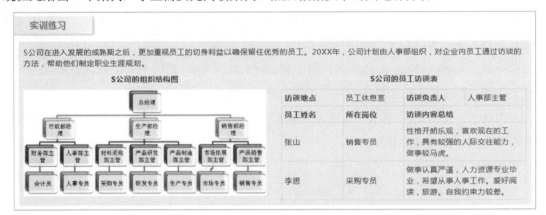

图9-13 实训练习

案例中，人事部主管对员工张山和李思进行了访谈，帮助他们制定职业生涯规划，其中职业生涯规划包括自我认知与职业规划目标两大方面，自我认知又包含职业兴趣、职业能力，以及自我评价，职业规划目标包含近期目标与远期目标。根据上述案例，学生应从中选取一位员工，为他制定职业生涯规划。

例如，选择员工李思。通过阅读案例可以得知，李思是人力资源专业毕业，并且自身也喜欢从事人事工作，但是目前从事采购工作，因此应考虑近期内先将其调岗至人力资源部门，担任人事专员，给他充分发挥自己能力的空间。等到他的能力到达一定的高度，可以晋升为人事部主管，实现其职业上的发展。

综合以上分析，帮助员工李思完成自我认识，确定职业规划目标，并将结果填写至职业规划表。填写完毕后，单击"提交"，完成职业生涯计划的实训练习。提交之后，单击"解析"按钮，会生成解析结果，如图 9-14 所示。

图9-14 职业生涯规划

简答题

1. 影响晋升的因素有哪些？
2. 制订培训计划需要哪几个步骤？
3. 制订激励计划有哪几个步骤？
4. 职业生涯规划按照持续时间可以分为哪几类？

案例分析题

规模庞大且具有悠久历史的工业企业艾科公司，其成功背后引以为傲的是企业的培训系统。艾科公司中国的人力资源开发从以下五个方面做出了努力。

1. 从总公司使命出发

"努力成为世界上最优秀的石油公司，为股东稳健的投资提供丰厚的回报"是艾科公司的全球使命。其对"最优秀"的定义是盈利能力最佳，而不是最大。若各个业务领域都能低成本、高效率地运作，那么企业将实现盈利能力最佳。

公司的教育培训使命是"建立一个世界级的加速公司所需商业技能的发展和知识传播的教育培训系统。"

每个公司的管理层都说，具有能动性的人是企业最重要的资源、最重要的因素。但是，在实践过程中这一要点常常被忽略，甚至忘记或者处于决策的非重要位置。艾科公司却将这一点做得很好。与其他公司相比，它们高度重视对经理人的培训付出，这是其他公司不能达到的。曾经美国《纽约时报》记者报道称："艾科公司经常说公司的竞争优势是人力资源，其他公司也如是说，但艾科公司真正做到了，没有一家公司能比得上艾科公司对培育新经理人所做出的努力。"

艾科公司业务目标之一"优秀的人才：公司在战略、组织和经营上的成功取决于公司的员工。艾科公司致力于在各地可能的资源中聘用高素质的人才，并在所有人力资源项目上(包括聘用、工作分配、培训机会、调动和升迁等)提供平等的机会……"在公司业务原则中充分体现了对员工培训和发展的重视。

艾科公司的全世界分公司都与总部分享同一使命和目标，运作完全遵循总部的原则，始终与总部步调一致。艾科公司在中国的公司也是依照此原则进行运作、实施业务、对人才进行培训开发的，无任何偏差。这样的"复制粘贴"需要严格的内部控制系统进行维护，因此艾科公司的内部控制系统具有极高的标准，对各个分公司的部门、组织有专门的专家小组进行不定期的检查、审计，检查运作过程是否与公司的原则有所偏差，挖掘现有运作中存在的漏洞和瑕疵。

2. 内部提拔

继承艾科公司总部对内部员工培养和提拔的重视这一传统，中国的各个分公司的所有一线、中级管理职位尽可能从企业内部进行选拔。内部选拔的好处在于可以兼顾员工个人发展和公司业务发展。公司会根据员工的个人能力为其挑选发展机会，一般包括：

(1) 短期派往其他国家工作，目的在于培养员工的跨文化素养(如跨国经验和视野)及提升员工处理跨文化带来的问题的能力；

(2) 特别项目，公司往往会指定管理人才去做一些新的、极其困难的项目，例如在越南开设油站的市场调查、财务控制新系统的推广等，目的是锻炼员工在困境、复杂环境中的领导能力；

(3) 集中培训，对于高潜质员工提供针对性的专门的培训方案，如，对于区域总经理进行"跨文化管理""将变化转化为效益""对非财务经理的财务培训"等培训项目；对于即将担任总部高级职位的员工进行"全球管理经理的研讨会"和"国际化经理培训"等培训项目。

3. 工作表现作为员工薪酬的唯一依据

艾科公司决定员工薪酬福利和晋升机会的唯一依据是工作表现。很多跨国公司在执行的过程中却有所偏差，但艾科公司在这一点上一直遵循。艾科公司在给员工提供培训和发展机会前会对员工的工作表现进行全面客观的评估。艾科公司以员工入职时间为标准，每年评估，通过对员工一年的工作表现进行评估，进而来决定第二个工作年的薪酬福利。

首先，工作表现评估由两方进行，员工进行自我评估，直接主管填写正式评估。然后员工和主管双方就评估表中的每项标准和评分进行详细面谈，直至双方达成一致意见。最后，评估表格经部门汇集，交至分公司管理委员会，由管理委员会的全体经理对全公司的员工进行排名。在亚太区属下的各个分公司，工作表现排名在前十名的员工信息(如名字、职位和工作表现)将送至亚太区区域总部新加坡，由区域的管理委员进一步评估，以确定该员工是否具备国际化发展的潜力。

4. 奖励忠诚者

公司非常重视员工的忠诚度，尽量通过多种方式对为公司长期提供优质服务的员工进行奖励。包括公司刊物上的肯定，十周年或20周年的纪念品以及薪酬方面的积累等。在中国各个分公司里，常可以看到已经为公司服务20年到30年的一些外方员工依旧为能够在艾科公司拥有工作机会而感到荣幸，给年轻一代树立了很好的榜样。而艾科公司不仅鼓励员工长期留在公司里为公司服务，而且还要求员工要有优秀的工作表现，能够对公司工作要求和业绩发展有明显的贡献。这是一种基于流动淘汰制的长期雇佣形式，即当对员工工作表现不满意时，员工会被调职到一些初级或与其能力匹配的职位，甚至会被解雇。

5. 培训系统

艾科公司多年来一直重视培训，在每个分支机构都有培训专业人员，对该分支员工进行培训。艾科公司初入中国时，走过与很多大型跨国公司一样的道路，除少数全球性或区域性的课程，其他分支所需的培训课程是每个分支自行决定、设计、选择和实施的。这种分散化管理的原因有以下几点：①各地区存在不同的文化知识背景；②各地存在不同的竞争环境，要求员工具备特定知识；③各地的顾客存在不同的需求，要求员工具备特定技能；④各地政府、顾客、代理商需要特定的沟通技能。

随着公司业务的不断扩展，分散化管理的弊端也日渐暴露：

(1) 课程重复设计。如，同一个领导技能课程，北京分公司与广州公司设计的课程形式和资料不同，但内容上大同小异，而两者都分别投入了大量的人力物力来设计该课程。同一个到职培训，各分公司独立设计不仅会造成重复设计，而且使得各分公司员工只能局限地了解到某一地区或业务范围内的信息，而不能了解全部业务，若长期如此会制约员工职业前景的多样性和员工的发展机会。

(2) 课程标准和理念不统一。因为跨国公司的业务和分支机构遍布全球，员工来自于不同的国家，统一管理必不可少，且尤为重要。跨国公司都由总公司确定各种政策和投资战略，各分公司在总公司的统一领导指挥下进行各种业务活动。艾科公司进入中国以后，分公司所经营的业务广泛，而且在中国的分公司、组织广泛分布在中国的各大中小城市。除北京、上海和广州三个大城市拥有较多员工，其他城市都有员工，本着公司资源优化的原则，公司将传统的分散化管理改为统一区域化管理，在广州成立了一个中国培训中心，统一进行全国所有职员的培训和发展职能。此举措大量缩减了培训管理人员的数量，同时还提高了教育培训的统一性和标准性。培训对象是艾科公司在中国的所有投资或合资机构中的每个管理人员。

同时，艾科公司以员工的工作表现定薪酬福利和晋升机会，是基于业绩的人力资源管理体系，这种体系以业绩考核为主，以业绩考核结果作为薪酬分配、职业晋升的主要界定标准，能够建立更加公平、公正、合理的员工激励机制。

(资料来源：中国人力资源开发网)

思考

结合案例资料，总结艾科公司的做法给了你哪些启示。

参考文献

[1] 斯科特·斯内尔，乔治·伯兰德. 人力资源管理[M]. 魏海燕，吴迅捷. 大连：东北财经大学出版社，2011.

[2] 金延平. 人员培训与开发[M]. 大连：东北财经大学出版社，2019.

[3] 董克用. 人力资源管理概论(第四版)[M]. 北京：中国人民大学出版社，2015.

[4] 陈树文. 人力资源管理[M]. 北京：清华大学出版社，2010.

[5] 张德. 人力资源开发与管理(第五版)[M]. 北京：清华大学出版社，2016.

第10章 人力资源费用预算

📖 课前导读案例

一个员工离职,并不是简单地再找一个人顶替就能解决的事情。一般情况下,关键人才的流失会导致企业人力资源成本上升,企业需要长达8个月的时间进行再招聘(2个月)、培训试用(3个月)、融入企业经营(6个月)。这漫长的时间成本和付出的费用、精力都会增加企业人力资源管理成本。此外,在招聘过程中还存在约有40%的失败概率,这部分招聘费用的损失约为企业4个月的工资。

企业人员流失,老板又开始苛责人力资源经理。作为人力资源经理,企业到底应该加多少工资,给哪些人加,最终都由老板决定。人力资源经理让老板决定,但老板也不知道应该怎么加。因此要拿数据说服老板。人力资源部门只有向老板汇报企业人力资源成本、人力资源回报率等具体数据,老板才会听从建议而增加人力(薪酬)预算。

如何在人力资源领域,更好地进行人力资源管理,减少浪费、提高效率呢?企业家常说"人力成本浪费是企业最大的浪费",管理专家常说"人力资本投资是企业最大的投资"。要实现既管控人力成本又做到人力资本回报最大,最关键的是HR要有财务思维数据化管理,要有全面管控人力成本的方法技巧。既然某些员工的离开不可避免,那么作为高阶的HR,不但要懂得传统的六大模块,而且应该会帮助企业控制人力成本。

思考

人力资源经理应该如何帮助老板控制企业人力资源成本?

10.1 人力资源费用预算的内容

1. 人力资源费用预算的总述

人力资源费用是指企业在一个经营生产周期内(通常为一年)，人力资源管理相关的各项费用的支出。人力资源费用包括人工成本和人力资源管理的费用[1]。人力资源的费用包括在招聘、培训开发、生产和离职过程中所支出各项成本的费用。企业使用费用预算进行成本控制。完善的费用预算使企业的一切资本都被置于合理控制之内，同时也体现了企业的目标和基本方针。

人力资源费用预算只是提前按照预想的设定开展工作，只有控制才能使预算更有效地执行和管理。

(1) 对人力资源费用的预算和控制能够促进企业人力资源管理体系的逐步完善。这种完善将有助于企业进一步加强科学的管理体系，从而获得最大的人力资源效益，达到提高企业整体经济利益的目的。

(2) 管理者可以更好地了解人力资源管理活动的成本以及这些成本给企业创造的价值。

(3) 人力资源管理费用的细化，能够正确反映企业的真实经营状况，提高企业的经营效率。

(4) 通过对人力资源费用预测、决策、预算和控制的管理，有利于人力资源的合理利用，实现企业"低成本"的经营目标。

2. 人力资源费用预算的各项构成

人力资源费用主要包括：招聘费用、培训费用、员工工资、社会保险总额、各项福利的费用以及能够统计的其他相关费用。

当然，我们也可以根据具体情况对各种费用进行分类，比如主要成本和辅助成本。根据成本的性质，可分为固定必要成本、可变临时成本、特殊项目成本和其他费用成本等。也可以分为人工成本和人力资源管理成本，前者是指支付给员工的工资、各种福利成本；后者是指人力资源部开展人力资源管理活动的费用，如培训员工的费用、招聘的费用等。

(1) 招聘费用

当原来的员工离职时，企业的人力资源部门会迅速填补空缺。但是如果采用人才市场招聘或猎头公司的传统方法，公司的招聘费用会很高。如果企业长期招不进来人，会影响企业各岗位的正常运作。所以为了有效、迅速地填补空缺，建议在招聘预算没有结余的情况下，人力资源部门应该尽可能少付或不付钱进行招聘。例如，可以从人才库中查询候选人，并尽快打电话询问当前情况。如果非在职，可以努力引导候选人填补公司的空缺。建议平时就建立一个人力资源候选人的圈子或群，并邀请同事帮忙推荐人才。招聘费用包括招聘过程中发生的所有费用，具体包括以下内容：

① 招聘前的调研费用、广告费用、招聘会费用、高校的奖学金等。
② 招聘中的测试方案的设计与实施的费用等。
③ 招聘后录取结果的通知费用、招聘结果的分析费用、劳动合同的签订费用等。

(2) 培训费用

培训成本预算可分为内部培训成本和外部培训成本。此处的内部培训成本包括内部培训师授课后，公司发放给兼职讲师的课程费。外部培训成本包括：外部培训师到企业授课的费用，或者选择公司高管和特殊员工外出参加学习和培训，也包括参加行业的学术研讨会或行业会议的费用。培训费用包括培训过程中发生的所有费用，具体包括以下内容：

① 培训前的绩效考核的费用、培训方案制定的费用等。
② 培训中的培训师的劳务费、差旅费、教材费用等。
③ 培训后的培训结果评价的费用等。

(3) 员工工资

工资成本预算是人力资源部门制定的第一项重要预算，包括本年度全体员工工资支出总额、缴纳社会五险一金的总费用以及其他一些补贴和补助等费用。此项费用应根据当地政府社会保障部门和统计局公布的当地企业职工工资参考指导意见和公司上一年度平均工资标准编制预算[2]。

(4) 社会保险总额

指社会保险的预算成本，没有在员工工资成本中预算，建议单独支付。因为社会保险缴费金额按照《社会保险法》的有关规定。单位是履行代为缴付的义务，因此这里的社会保险总额是指公司按照五险一金的各个保险缴费比例中企业缴费的部分。

(5) 各项福利费用

福利费用包括员工生日、疾病、婚丧、女性员工怀孕、奖励福利和其他补贴等。针对这些费用，我们应合理预算，尽早提前做好预算支出，并在预算报告中明确规定[3]。

(6) 相关其他费用

其他相关费用包括离退休人员的社保、五险一金、解聘违约金，以及公司给新员工的福利、管理津贴等。不论新员工是否在第一至第三个月内发挥应有的价值，为企业创造业绩，企业都必须支付新员工工资。

3. 人力资源费用预算的编制要求

编制人力资源费用预算应遵循以下的要求：

(1) 加强费用的审核和控制

编制人力资源管理费用的目的是控制成本，减少资源浪费，增加收益。因此，应由专人对费用进行审查和控制，判断招聘、培训等费用是否合理，对提高经济效益是否具有重要意义等。编制人员应及时与审核员和控制人员沟通，以提高审核的利用价值。

(2) 正确划分各种费用的界限

招聘、培训、处理劳动争议等费用可以根据不同的用途进行细分，根据企业的需要来划分层级，对一些相关项目进行合并，避免相互交叉。例如，为了避免在招聘前对广告费和招聘会费用在某种程度上的相互交叉，我们可以再次细化，追溯它们的起源并界定明确的界限。

(3) 适应企业特点、管理要求，采用合适的编制方法

人力资源管理费用是指在一个经营生产周期内，企业为保证人力资源的顺利运转，而发生的人力资源管理费用的支出。按照发生的时间、期限、形式不同，招聘、培训、处理劳动争议等费用所采用的审核方式也应不同。因此根据企业自身特点和不同的管理要求，我们应该选择合适的编制方法。

不恰当的管理行为会导致人力资源成本的增加，体现在人力资源管理人员的工作行为导致员工工作绩效的下降，从而导致人力资源的额外支出或者浪费。

4. 人力资源费用预算的编制方法

分解细化人力资源管理活动的流程，确定人力资源管理活动所包含的内容，明确人力资源管理活动各项开支的费用，根据公司财务科目对人力资源管理活动费用支出进行分类，经过统计核实后纳入相关会计科目。

在人力资源费用预算编制的过程中，由于管理不恰当造成的直接成本比较容易分析和统计，但是很难分析和估算产生的间接成本。这不仅需要对人力资源费用支出进行彻底细致的分析，还需要对人力资源管理的审核结果进行参考对比。有时还需要进行专门的深入调查和研究。

分析人力资源的费用项目，形成费用的编制账目。各企业可根据实际人力资源活动的内容和范围，先确定费用编制的基本项目(招聘、培训、劳动争议解决费用等)，然后根据企业的需要对这些项目进行细化，分类整理，形成人力资源管理的费用台账。

企业可以根据需要制定本企业人力资源管理费用的编制方法，包括编制形式、编制单位和计算方法等。编制上述模型时应注意以下事项：

(1) 人员招聘的费用应按实际招聘人数平分。例如，某企业为了招聘10名专业技术人员进行招聘活动，有50名应聘者参加。招聘过程中的广告、资料、面试、笔试等费用共计1万元。在编制过程中，招聘合格专业技术人员的费用，应该按照10人计算，即每人1 000元，而不是按50人计算，即每人200元。因为要招聘的是10人而不是50人，要花1万元。

(2) 某些间接成本也包括在一些直接成本项目中。例如，在招聘安置项目中，不仅包括对员工上岗所需的直接费用，还包括管理人员为了员工而付出的各项相关管理时间和费用。在编制时，需要合并这些间接费用，把它们计入直接成本项目中。一般情况下，管理人员在人力资源管理活动中参与工作的时间费用，应按照其参与具体工作的时间，根据工资标准换算为具体金额。

(3) 一些成本项目部分交叉。例如，职业管理费用和教育培训费用会有部分交叉。在编制时，应注意确定费用的交叉部分，避免重复编制。

5. 人力资源费用预算的原则

编制人力资源费用预算要遵循以下原则：

(1) 合理合法的原则。即为了保证人力资源费用预算的准确性，人力资源管理者应该关注国家和有关部门出台的各种法律法规和相关政策，如消费价格指数、行业工资的指导线、最低工资标准等涉及员工社会保险等方面的规定标准的变化情况，已经成为企业下一年度工资调整的参考。涉及本项目的各个小项目的比例变化应准确反映在预算中。

(2) 准确客观的原则。即各项目的预算要客观合理，防止人为扩大，导致可能出现虚假预算的情况。

(3) 整体兼顾的原则。即要从整个企业出发，密切关注不同预算项目之间的内在联系，防止只看到一个项目而看不到另一个项目，造成预算整体失衡。

(4) 严肃认真的原则。即在编制费用预算时，要坚持严肃认真、实事求是的工作作风，认真分析计算，不能主观臆测。

6. 编制费用预算的几点建议

(1) 对于招聘费用，建议这一部分的预算不要设置得太高，一般占总预算的30%左右。如果高于往年预算，必须在预算报告中说明，如是否增加其他付费招聘平台、渠道费用是否上涨等，以使高层在审批预算时能够准确把握实际情况。

(2) 对于培训费用，新员工入职培训、在岗培训等，可以在公司内部进行，避免从外部招聘人员来授课，即使课程费交给内部兼职讲师，也要尽可能控制预算。培训费用应该主要集中在储备干部和晋升管理者的培训上。因为公司在培训上花钱，是为了培养人才，为公司创造更多的利益。如果人力资源管理部偏离了培训预算的重点，就属于没有合理使用公司的资金。

(3) 对于员工工资，原则上，建议以公司上一年度人员的工资水平为基础预算。最好与财务部负责人沟通。在正式提交公司会议前，应首先请财务部提出意见，以便得到主管部门领导对预算的支持，并能快速审批和实施。

(4) 在预算的基础上对实际支出进行细化和分析。使用预算时，必须严格按照公司有关规定、财政部的指导意见以及实际情况使用,及时记录预算使用情况,完善报销的手续。公款和其他费用的手续要分开管理,不能混在一起。

(5) 为了方便公司高层管理人员清楚地看到人力资源费用预算报表,方便公司研究和审批,建议人力资源部门在编制人力资源费用预算时,将涉及的金额、数量和比例等使用文字加图表方式辅助说明。

10.2 人力资源费用预算的审核

人力资源费用预算的审核是指在一个生产周期内对各项人力资源费用预算进行审核,以确保其满足相关的政府规定和企业自身的发展需要,为下一个生产周期人力资源费用预算提供依据。

1. 审核费用预算的基本要求

人力资源费用预算的审核有三个基本的要求,即确保成本预算的准确性、成本预算的合理性和成本预算的可比性。

2. 审核费用预算的基本程序

在审核下一年度的人工成本预算时,首先要检查所有项目是否完整,特别是子项目。例如工资项目下的工资、加班费、奖金、岗位津贴等;基金项目下的劳动保险费、失业保险费、员工医疗费、住房公积金、日常教育基金、工会基金等。审核时,必须确保这些项目是完整的。注意国家相关政策的变化,了解是否涉及人员费用项目的增加、废止或变更。

3. 审核费用预算的基本方法

(1) 注意内外环境变化,动态调整

① 关注政府有关部门颁布的企业年度工资指导意见。

基准线:适用于经营良好、稳定的企业。工资水平可以围绕基线进行调整。

预警线:适用于经济快速发展,效益增长快速的企业。避免因企业分红过多,工资上涨过快而造成资金短缺。

控制下线:适用于经济效益严重下降的企业。除获得员工同意,否则不允许减薪。此外,最低工资不得低于当地最低工资标准。

② 针对同行工资水平进行定期市场调查。

了解同行中工资的变化情况，掌握劳动力工资水平的上线、中线、下线，保持工资的对外竞争力，对内合理，避免工资调整损害员工工作的积极性。

③ 关注消费者物价指数。

比较本年度物价和去年同期物价，进行相应调整。

(2) 注意分析比较费用使用的趋势

为了审核下一年度人工成本的预算，我们首先将本年度成本的预算与上一年度成本的预算进行比较，并将上一年度的成本结算与已经发生的成本结算进行比较。然后分析上一年度成本预算的趋势及与本年度的结算结果，最后得出下一年度成本的预算。

(3) 在保证员工利益和企业支付能力的基础上进行预算

所有审核工作都需要在满足员工利益的基础上进行。认真地比较分析人力资源管理全过程，确定过程中使用的资源，并进行成本的审核。

4. 审核费用预算的基本原则

编制人力资源费用的预算时，执行的原则是"总体控制、分头预算、个案执行"。公司根据前一年的预算与结算，给出本年度的预算额度，大部分由人力资源部进行控制。本项目可根据余缺，在审批之后进行调剂使用。对于某些项目(比如培训费用)，根据使用部门划分到成本中心，以防止部门之间相互占用而无法满足各自的培训要求。

10.3　人力资源费用预算实训

人力资源费用预算是人力资源部门根据企业的发展战略以及企业前一年度的人力资源情况，对下一年的人力资源全部管理活动预期费用支出所作的计划，并使之成为下一年度企业人力资源管理活动的指南，是人力资源规划的强有力工具，可用来指导从事人事职能的人员的行动，既有利于人力资源计划工作，也有利于人力资源的组织工作和控制工作。

在人力资源费用预算实训中，每个学生应独立对案例进行分析，充分掌握案例中所反映的信息，完成实训练习。

进入系统后，在左侧任务栏选择"人力资源费用预算"，如图 10-1 所示，单击之后开始实训操作。

图10-1 人力资源费用预算

进入到人力资源费用预算页面后,学生可以在页面先阅读相关内容,学习费用预算的相关理论知识,如图10-2所示。

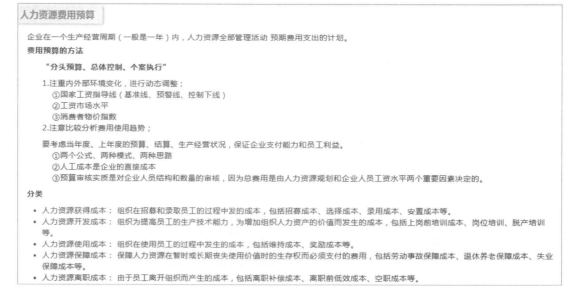

图10-2 人力资源费用预算简介

对人力资源费用预算有了整体认识之后,进入实训练习部分。费用预算的项目包括招聘费用、培训费用、员工工资、社会保险、其他社会保险、其他费用。右键单击"活动项目"列下面的项目可以添加对应的"费用项目",右键单击自己添加的费用项目可进行删除。

学生应仔细阅读案例,并做分析,整理出案例中所反映的信息,并结合企业的具体情况和市场情况,给企业制定合理可行的下一年的费用规划。

例如，在本次教学案例中，公司打算在下一年扩大规模，预计会开展 6 次校园招聘，预算 6 万元；4 次人才交流活动，预算 4 万元；以及在求职网上更新招聘信息等活动，预算 5 万元，预算共计花费 15 万元。

在培训方面，企业内部的培训体系已经日益成熟，包括专家授课、技能实训、案例分析、传统授课等形式的课程。公司下一年打算对技术人员、管理人员、生产人员、销售人员进行相应的培训，每次的培训课程费用基本在 15 万元上下浮动，预计费用 50 万元。

员工工资方面，本年度公司总人数 1 590 人，全年工资支出为 3 020 万元，下一年公司经营规模扩大，人数也会提高，预计工资支出 3 500 万元左右。

社会保险方面，根据国家制度，结合公司实际情况，预计支出 1 000 万元左右。

其他费用方面，如职工福利费、职工教育经费、工会经费、公益性捐赠，公司每年都会举办一些集体活动，如小型运动会。还会每年组织两次春/秋游，定期部门聚餐等。下一年这方面预计支出 200 万元。

学生结合对应的案例，参考以上的分析过程，将所得出的数据填写到表格内，单击"提交"按钮，便生成费用预算表，如图 10-3 所示。

活动项目	费用项目	预算额	总预算额
招聘费用	校园招聘	6	15
	人才网发布信息	5	
	组织人才交流中心	4	
培训费用	培训课程费用	50	50
员工工资	工资薪金	3500	3500
社会保险	按政府规定缴纳的五险一金	1000	1000
其他社会保险	无	0	0
其他	职工福利费	50	200
	职工教育经费	50	
	工会经费	50	
	公益性捐赠	50	
合计			4765

注：右键点击'活动项目'列以添加对应的'费用项目'，右键点击自己添加的费用项目可进行删除！

图10-3　费用预算表

提交后，单击"解析"按钮，生成解析结果，如图 10-4 所示。

图10-4 费用预算表解析

简答题

1. 人力资源费用主要包括哪些内容？
2. 人力资源费用预算的审核有哪三个基本要求？
3. 人力资源费用预算的实施包括哪些步骤？
4. 人力资源费用预算的作用是什么？

案例分析

请为你熟悉的某家企业设计人力资源费用预算方案。

参考文献

[1] 中国就业培训技术指导中心. 企业人力资源管理师(三级)[M]. 北京：中国劳动社会保障出版社，2014.

[2] 刘昕. 薪酬管理[M]. 北京：中国人民大学出版社，2017.

[3] 赵曙明. 人力资源战略与规划[M]. 4版. 北京：高等教育出版社，2017.

第 11 章 人力资源规划综合实训

在人力资源规划综合实训中,每个学生可以独立操作并分析案例。整个实训的内容包括:人力资源盘点、需求预测、供给预测、人力资源净需求、编制人力资源规划、费用预算以及风险控制。在实训的过程中,系统能够通过人力资源的总体流程来引导学生在宏观上对人力资源规划的实操有一定的认识,从而达到实践与教学相结合的目的。

所有同学使用的案例背景完全一致,目的就是给公司制定人力资源规划,使得公司最终以最少的资源完成预定的目标。因此,如何运用需求预测和供给预测为公司做出合理的规划并制定出有效的各项计划,是取得成功的关键。

11.1 人力资源盘点

11.1.1 人力资源盘点的内容

进入系统后,首先进行人力资源盘点。在左侧任务栏单击选择"人力资源规划流程",单击"人力资源盘点"进入相关页面,如图 11-1 所示,开始人力资源盘点实训操作。

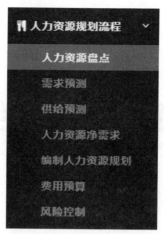

图11-1 人力资源规划流程

人力资源盘点主要是指依据企业战略规划发展需求，对本组织内部现有的各种人力资源认真测算盘点，整理出企业内部现有人员的数量、质量、结构以及人员分布情况。可以从静态和动态两个层面去进行统计、分析和汇总。所谓静态方面主要是指人力资源的数量、质量及结构，包括人员数量、职务、学历、年龄、性别、省籍、工龄等；动态方面则是指人力资源运用的效率，包括保有率、流失率、出勤率、生产率、满意度、用工成本、业绩等。

人力资源盘点是企业进行人力资源规划的第一步，也是十分重要的一步，其意义体现在：

(1) 人力资源盘点是人力资源规划的基础。通过盘点，我们能对整个年度的人力资源管理工作的现状有一个总结和梳理，立足现在，畅想未来，这为人力资源部门制定人力资源规划提供了参考的依据。

(2) 通过人力资源盘点，能帮助企业找到优势，发现不足。通过对企业这一年来人力资源的盘点，与企业的过去进行纵向对比，与同行业的其他企业再进行横向对比，能让决策者们清晰地看到这一年来哪些方面做得不错，哪些方面还有待改进。在人力资源盘点中发现的优势我们需要继续发扬，对于不足，则要积极改进。

11.1.2 设计人力资源盘点表

进入人力资源盘点表设计页面，如图 11-2 所示。从图中可以看到，人力资源盘点表包括三张表：管理层次汇总表(按管理权限汇总)、员工岗位分布表(按职务汇总)以及专业职称汇总表(按职称汇总)。

图11-2　设计人力资源盘点表

三张表分别对应人力资源盘点的三个方面，分别为管理层次、员工岗位以及专业职称。下面将逐个来进行介绍。

(1) 管理层次

企业中的管理层次一般是根据企业规模来制定划分的，与其组织结构相辅相成，通常分为上、中、下三个层次，也称作最高经营管理层或战略决策层、经营管理层、执行管理层或操作层三个层次。

分析案例，从中获得企业的管理层次设置以及各层次的具体人员数量，将管理层次的各个级别填写至管理层次汇总表，如图11-3所示，单击"增加"按钮，可以增加组成项；勾选需要删除的项目，单击"删除"按钮，则可以减少相应的组成项。

图11-3　管理层次汇总

(2) 员工岗位

此部分主要是按照企业设置的各部门来进行人力资源盘点，如某公司下设五个部门，分别是人力资源部、财务部、营销部、技术部、生产部，则需要统计出各部门的总人数。

分析案例，了解企业的组织结构以及各部门的员工分布情况，将各部门名称填写至员工岗位分布表，如图11-4所示，单击"增加"按钮，可以增加组成项；勾选需要删除的项目，单击"删除"按钮，可以减少相应的组成项。

图11-4 员工岗位分布

(3) 专业职称

理论上专业职称是指专业技术人员的专业技术水平、能力以及成就等的等级称号，是反映专业技术人员的技术水平、工作能力的标志。在企业中，专业职称一般分为正高级、副高级、中级、初级四个级别。专业职称是指经国务院人事主管部门授权的部门、行业或中央企业、省级专业技术职称评审机构评审的系列专业技术职称。

分析案例，统计出企业内员工的专业职称的类别以及各级专业职称的人员数量，将各专业职称类别填写至专业职称汇总表，如图11-5所示，单击"增加"按钮，可以增加组成项；勾选需要删除的项目，单击"删除"按钮，可以减少相应组成项。

图11-5 专业职称汇总

完成以上步骤之后，单击"提交"生成人力资源盘点表，单击"下一步"进入下一个页面。

11.1.3 人员盘点

首先，填写公司总人数。学生可通过阅读案例得到数据，将其填入表格内公司总人数的数据栏中，如图11-6所示。

图11-6 公司总人数

填写管理层次汇总表。学生可通过阅读案例得到数据，将数据填入表格的相应数据栏中，表中各栏人数的和应等于公司总人数，因为管理层次的最高级到最低级包含了公司的全体员工。

　　填写完毕后，单击"生成统计图"，得到全体员工结构图，图中显示了各管理层次的员工数量及所占公司总人数的比例，如图11-7所示。

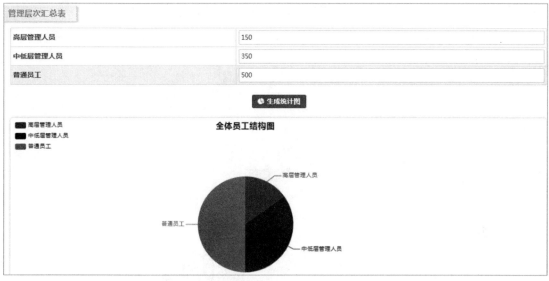

图11-7　员工结构

　　填写员工岗位分布表，学生可通过阅读案例得到数据，将其填入表格相应的数据栏中，显然，公司内所有岗位的集合也正是公司的全体员工，因此表中各栏人数的和应等于公司总人数。

　　填写完毕后，单击"生成统计图"，得到全体员工岗位分类图，图中显示了各部门的员工数量及所占公司总人数的比例，如图11-8所示。

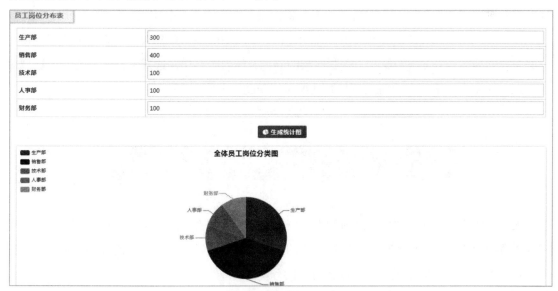

图11-8　员工岗位分类

填写专业职称汇总表，学生可通过阅读案例得到数据，将其填入表格相应的数据栏中，与前两张表不同的是，表中每一栏的数据相加不一定等于公司总人数，因为公司可能会存在没有专业职称的员工，在填写专业职称汇总表的时候就不需要将其统计进去，但是也可以按"无职称技术人员"的身份将其统计在内，这样表内各栏人数相加便会等于公司总人数。

填写完毕后，单击"生成统计图"，得到专业职称分布图，图中显示了各级职称人员各自所占的比例，如图11-9所示。

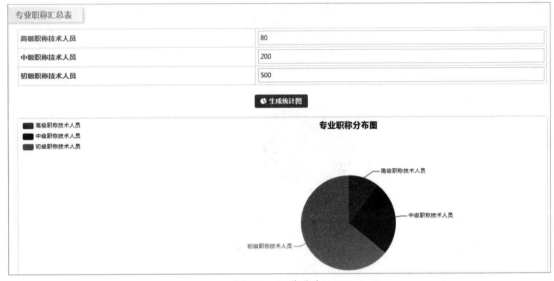

图11-9 职称分布

完成以上步骤，本次综合实训的人力资源盘点程序就结束了，但这次人力资源盘点还会继续发挥着十分重要的作用，会对后面的人力资源规划流程产生至关重要的影响。

学生应当再次回顾此次人力资源盘点的过程，认真分析盘点的结果，站在全局性的角度，结合企业的战略，去发现企业人力资源现状的问题，然后想办法通过接下来的人力资源规划解决问题，这将会为下一步的需求预测提供很大的帮助。

11.2 需求预测

人力资源需求预测需要根据之前的人力资源盘点的结果并结合企业的发展规划来制定。完成人力资源盘点之后，要清晰地认识到企业的人力资源现状，并选择适当的预测技术，对下一年企业人力资源需求的数量和结构进行合理的预测。

在结束人力资源盘点之后，回到"人力资源规划流程"，单击"需求预测"，进入相关页面，开始人力资源需求预测实训步骤。

11.2.1 选择需求预测方法

进入填写人员需求计划表页面，如图 11-10 所示。人员需求计划表按照之前人员盘点中的岗位分布，要求计算出每个部门的需求方案，包括需求预测方法和需求人数。

图11-10 人员需求计划表页面

需求预测的方法主要包括趋势预测法、回归分析法、比例分析法、工作分析法、行业比例法、德尔菲法、主观预测法，每一种方法都有自身独有的特点。在实训中，学生应结合案例对其加以分析，选择恰当的方法制定出该企业下一年的人员需求方案。在人员需求计划表中选择合适的预测方法，如图 11-11 所示。

图11-11 需求预测方法

例如，案例中给出了 2012—2016 年每年公司员工的人数，这些历史资料反映了公司人员需求的趋势，故此次案例我们可以选择趋势预测法，探明人员需求的趋势，进而计算出公司下一年的人员需求。

11.2.2 预测需求人数

使用所选的方法，分析企业人力资源现状的盘点结果以及企业发展规划，确定各部门人员的需求数量，制订人员需求计划。将求出的各部门人员需求数量填入人员需求计划表第一栏的第二行中，单击"提交"，完成人力资源需求预测。

例如，预测生产部下一年的人员需求，在此案例中，2012—2016年生产部人数分别是691、752、771、810、824，利用这些历史资料，选择趋势预测法来计算。我们先假设人员数量变化是某种线性关系，设人数是变量 Y，年度是变量 X，且存在参数 a 和 b，则线性关系可以表示为趋势线 $Y=a$。再设 $n=5$ 是总年数，计算：

$$\sum Y = 691 + 752 + 771 + 810 + 824 = 3\,848$$

$$\sum X = 1 + 2 + 3 + 4 + 5 = 15$$

$$\sum X^2 = 1 + 4 + 9 + 16 + 25 = 55$$

$$\sum XY = 1 \times 691 + 2 \times 752 + 3 \times 771 + 4 \times 810 + 5 \times 824 = 11\,868$$

将以上数据代入下面的公式，算出 a 和 b：

$$a = \frac{\sum y}{n} - b \frac{\sum x}{n}$$

$$b = \frac{n(\sum xy) - \sum x \cdot \sum y}{n(\sum x^2) - (\sum x)^2}$$

解得：$a=672.4$，$b=32.4$。

由此，根据趋势线公式 $Y=a$ 可以得出，生产部的需求人数每年大概增加33人。这样就可以预测出下一年(也就是第6年)的生产部需求人数为：

$$Y = 672.4 + 32.4X = 866.8 \approx 867(人)$$

人力资源需求预测是企业人力资源规划中十分重要的一步，一定要做到最接近企业的实际需求，在制定需求方案时应该特别注意以下几种情况：

首先，需求预测要建立在内部条件和外部环境的基础之上，必须做出符合现实情况的可行方案。

其次，需求预测是为企业的发展规划服务的，这是预测的目的。

最后，应该选择恰当的需求预测的方法，预测要考虑科学性、经济性和可行性，综合各方面做出选择，找出最符合企业自身实际情况的需求预测方法。

人力资源需求预测所涉及的变量与企业经营过程所涉及的变量是共同的。在明确组织雇员(包括一线员工和管理者)的技能和数量需求时，必须根据组织的特殊环境，认真考虑上述变量，应该把预测看成是完善周围的人力资源需求决策的一个工具。因为好的决策要求拥有尽可能多的信息，以保证对未来的预言更加精确，更加有效。

一个优良的需求预测方案能够指引企业的人力资源规划往正确的方向发展，因此出色完成这部分的实训流程意义重大。

11.3 供给预测

供给预测是预测在某一未来时期,组织内部所能供应的(或经由培训可能补充的),以及外部劳动力市场所提供的一定数量、质量和结构的人员,以满足企业为达到目标而产生的人员需求。

结束"需求预测"实训之后,回到"人力资源规划流程",单击"供给预测",进入相应页面,开始供给预测实训流程。

11.3.1 选择供给预测方法

进入填写人员供给计划表页面,如图 11-12 所示。人员需求计划表按照之前人员盘点中的岗位分布,要求计算出每个部门的供给方案,包括供给预测方法和供给人数。

图11-12 人力资源供给计划

供给预测的方法主要包括马尔科夫模型、水池模型、市场预测法、人力资源信息库法,每一种方法都有自身独有的特点。具体预测方法要依据企业自身情况,分析企业所处的内部与外部环境,以选择出最贴近实际情况并最适合企业发展规划的预测方法。在实训中,学生应结合案例并对其加以分析,选择恰当的方法制定出该企业下一年的人员供给方案。在人员供给计划表中选择合适的预测方法,如图 11-13 所示。

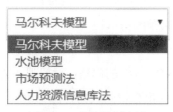

图11-13 供给计划方法

例如，案例中给出了公司当年初期的人员分布和人事变动率，有了初始数据和变动率，故我们可以选择"马尔科夫模型"这种方法，将初期的人数与对应的变动率相乘，然后再对应相加，便可以预测出下一年的供给人数。

11.3.2 预测供给人数

使用所选的方法，综合分析企业内部与外部因素，确定各部门人员的需求数量，制定出该企业各部门下一年人员供给方案。将求出的各部门人员供给数量填入人员供给计划表每一栏的第二行中，单击"提交"，完成人力资源供给预测。

在此案例中：

生产部有90%的员工留在原公司，其中70%的员工留在原部门，20%的员工转移到了销售部门。

销售部有80%的员工留在原公司，其中70%的员工留在了原部门，10%的员工转移到了技术部门。

技术部有90%的员工留在原公司，其中50%的员工留在了原部门，20%的员工转移到了生产部门，20%的员工转移到了销售部门。

人力资源部有90%的员工留在原公司，其中80%的员工留在了原部门，10%的员工转移到了财务部门。

财务部有90%的员工留在原公司，其中80%的员工留在了原部门，10%的员工转移到了人力资源部门。

有了各类人员原始的人数和转移率，就可以预测出未来的人力资源供给情况，将每类的初期人数与转移率相乘，然后再对应相加，就得到每类职位下一年的供给量。

如：生产部下一年的人员供给量=生产部人数×70%+技术部人数×20%
$$=824×70\%+325×20\%=641.8≈642 人$$

供求预测对人力资源规划流程来说也是十分重要的一环，预测的结果将与需求预测的结果相结合，从而共同影响人力资源净需求。除此之外，相比于需求预测，供求预测也具有独特的作用。

供给预测主要用于解决由于企业内部人力资源变动与企业发展造成的企业人力资源短缺问题，因此利用企业人力资源供给预测可以检查现有员工替补企业空缺岗位的能力；明确指出哪些岗位上的员工将被晋升、退休或者被辞退；明确指出哪些岗位的辞职率、开除率和缺勤率高得异常或者存在绩效、劳动纪律等方面的问题；对招聘、选择、培训和员工发展需要做出预测，以便及时为工作岗位的空缺提供合格的人力资源补给。

11.4 人力资源净需求

结束供给预测实训部分，再次回到人力资源规划流程，单击"人力资源净需求"，可进入相应界面。

在表中我们可以看到，表中的数据根据需求预测和供给预测的结果，按照"净需求=需求-供给"公式，自动生成净需求表。从表中可直接得知该企业的人力资源净需求量，如图 11-14 所示。

人力资源净需求

根据 需求预测 和 供给预测 填写的结果，按照"净需求 = 需求 - 供给"生成人力资源净需求如下表。

XX年本公司人员净需求

	生产部	销售部	技术部	财务部	人事部
人数	90	92	87	93	90

图11-14 人力资源净需求

11.5 编制人力资源规划

在确定人力资源净需求之后，接下来便是编制人力资源规划，让我们回到"人力资源规划流程"，单击"编制人力资源规划"，进入相应页面，开始编制人力资源规划。

在此步骤中，需编制案例中企业下一年的人力资源规划方案，并填写相关表格。这些表格包括企业招聘计划表、企业培训计划表、企业晋升计划表、企业调岗计划表以及企业激励计划表。接下来将对它们逐个进行介绍。

11.5.1 招聘计划

根据前几步的分析与计算，学生应该已经基本掌握了企业中人力资源的现状与未来一段时间的需求信息，并能根据需求制订企业下一阶段的招聘计划。

首先，本部分应再次结合案例，得出企业在下一年具体需要招聘的岗位以及所招岗位的招聘人数，并指定一位负责人来负责此次招聘计划，以保证本次招聘能够顺利进行并完成，一般可选择招聘主管或人力资源经理来负责。

其次，选择合适的招聘方式，如校园招聘、网上招聘等，其中若选择校园招聘，最好将招聘时间定在五至九月份，此段时间为学校毕业季，学生就业需求大，这将会更加有利于招聘计划的完成。也可以选择多渠道方式进行招聘，扩大招聘区域，为企业引进人才做好充足的准备。

最后，确认招聘地点和招聘计划起始时间。其中招聘地点可选择在目标人员比较集中的地方，如校园宣讲会或人才市场，也可选择在公司，由相关负责人对前来应聘者进行面试。

将以上得出的确定信息数据与企业招聘计划表里的项目一一对应，分别填入表格中，如图 11-15 所示。在表中，单击"增加"可增加项目，单击"删除"可删除项目。完成之后，继续进行下一项。

图11-15　人力资源招聘计划

在此案例中，企业每年都会前往一些高校进行校园招聘，开办一些求职讲座，向毕业生宣传企业的文化，招聘一些高校毕业生加入到本公司，并且会在人才网上定期更新招聘信息，定期组织开展人才交流的活动，吸引求职者前来应聘。公司在 2016 年公司共开展了 6 次校园招聘，4 次人才交流活动。

11.5.2　培训计划

根据公司对人力资源的需求，并结合实际情况对企业内部员工进行培训。

首先确认培训对象、培训项目，同时要指定一位负责人来管理培训的具体事务，一般是培训主管来负责。

然后选择合适的培训方式，要根据企业自身情况来定，可以由内部老师来培训，也可选择外部老师或外部企业的人培训。培训可分为在岗培训和脱岗培训，在岗培训主要是利用业余时间，员工依旧照常工作；脱岗培训需要专门安排时间，员工暂时不能继续工作。

最后确认培训地点和起始时间。

完成以上步骤，填写完整培训计划表，如图 11-16 所示。单击"增加"可增加项目，单击"删除"可删除项目。完成之后，继续下一项。

图11-16　人力资源培训计划

案例中，为提高企业员工的工作效率，公司从 2009 年就开始建设企业内部的培训体系，现在培训体系已经日益成熟，建立了专家授课、技能实训、案例分析、传统授课等形式的课程，同时也在源源不断地开发新的培训项目以适应企业的发展要求。虽然并不是每一位员工都在培训中获得了提升，但通过对销售部和生产部的工作技能培训；对管理人员的企业文化培训、管理培训；对技术部的计算机技能培训等，再通过统一培训和分散培训，实施在岗培训和脱岗培训等方式，还是得到了一些效果。

11.5.3　晋升计划

根据企业的组织结构制订合理的员工晋升计划，可以提升员工个人素质和能力，充分调动全体员工的主动性和积极性。

具体步骤是明确可晋升的岗位以及每个岗位可晋升的人数，制定晋升条件和本计划的时间限制，指定审查人审查晋升结果。

最后填写晋升计划表，如图 11-17 所示。单击"增加"可增加项目，单击"删除"可删除项目。完成之后，继续下一项。

图11-17　人力资源晋升计划

案例中，公司对于表现优秀的各部门员工都会给予一定的晋升机会，例如优秀的销售人员有 15 人，在考察结束后，可给予晋升。2016 年中共有 78 人由于工作表现优秀而得到了晋升。

11.5.4 调岗计划

为了精简员工队伍，提高工作效率，需制订合理的调岗计划。

首先要明确调出部门、调入部门以及可调岗的人数，然后提出调岗要求，并指定负责人来负责整个流程的运作。最后确定调岗计划的起始时间。

完成以上步骤，填写调岗计划表，如图 11-18 所示。单击"增加"可增加项目，单击"删除"可删除项目。完成之后，继续下一项。

图11-18　人力资源调岗计划

案例中，公司为了提高队伍的工作效率，结合每位员工的特点及专长，做了调岗工作，2016年中共有 159 人转岗。

11.5.5 激励计划

企业可通过制订合理的激励计划来激发每个员工的积极性、创造性，以满足公司和员工个人发展的需要，提高公司和员工个人的核心竞争力，提升经营绩效。

首先要选择激励方式，如选择晋升激励、薪酬激励、年薪激励、股权激励等其他激励方式。然后对所选的每种激励方式制定具体的激励内容，如薪酬激励增加年底的分红，根据绩效来设定福利发放。接下来确定激励对象，激励计划一般是面向全体员工的。最后确定激励计划的起始时间。

完成以上步骤，填写激励计划表，如图 11-19 所示。单击"增加"可增加项目，单击"删除"可删除项目。完成之后，继续下一项。

图11-19　人力资源激励计划

案例中，公司比较重视内部员工的激励体系，其激励计划分为两部分，一是对有突出贡献的核心人才按照精神奖励和物质奖励相结合的原则，进行重点奖励，发挥社会荣誉和经济利益的双重激励作用。二是对取得学历与执业资格证书的员工按照学位、证书的高低实行奖励，鼓励员工再学习、再深造。

以上表格填写完毕后，单击"提交"按钮，之后出现"解析"按钮，单击可查看解析内容，如图11-20所示。

图11-20 人力资源规划解析

11.6　费用预算

编制完成人力资源规划后，一整年的人力资源规划方案就初步展现出来了，下面是对整个规划中所用费用的预算。费用预算是企业为人力资源费用支出成本而做的成本预算，应事先做好计划，然后严格按预算执行。回到"人力资源规划流程"，单击"费用预算"，开始"费用预算"实训步骤。

进入费用预算页面，如图 11-21 所示，对企业下一年各费用项目进行预算，包括招聘费用、培训费用、晋升费用、调岗费用、激励费用，填写企业费用预算表，单击"提交"可完成提交。

图11-21　人力资源费用预算

在案例中，了解到 2016 年公司招聘活动共计花费 10 万元，由于 2017 年公司要扩大生产，员工招聘费用预计会有所上升。招聘费用为 80 万元，考虑到公司扩大生产，故人员规模也会扩大，2017 年培训费用会有所上升。培训费用为 100 万，同样的，公司人才需求增大，激励费用预计在下一年也会升高，激励费用为 220 万。晋升和调岗全在公司内部进行，故可以不制定费用预算。

提交后，学生可根据解析结果对比自己所提交的规划方案，解析结果如图 11-22 所示。

费用项目	预算额
招聘费用	80
培训费用	100
晋升费用	0
调岗费用	0
激励费用	220
合计	400

图11-22　人力资源费用预算解析

11.7　风险控制

本次实训的最后一部分是"风险控制",企业通过风险控制可以在人力资源规划过程中减少各种风险事件发生的可能性,或减少风险事件发生时造成的损失。回到"人力资源规划流程",单击"风险控制",开始实训。

进入风险控制页面,如图11-23所示,首先要对整个人力资源规划过程进行综合性的分析,指出在规划过程中可能会发生风险事件的环节以及风险点,并预先制定合理可行的规避风险的方式。将表格填写完成,单击"增加"可增加项目,单击"删除"可删除项目。完成后单击"提交"。

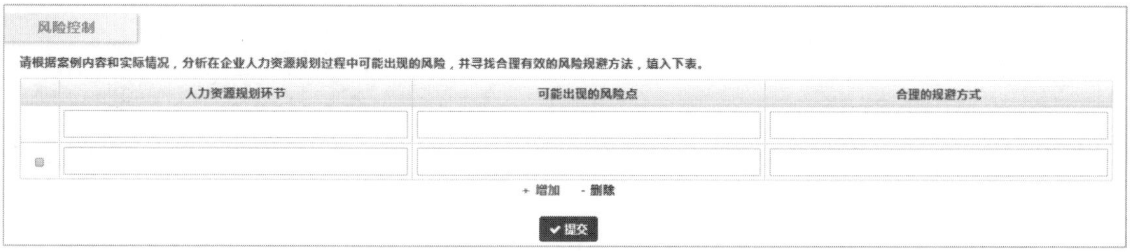

图11-23　风险控制

案例中,公司在制定需求和供给预测环节中缺乏对外部环境的考虑,这可能会导致预测缺乏准确客观性,进而影响整个人力资源规划的可行性,应该设法将其规避,如不能太过遵循主观的判断,还应结合具体情况进行定量的分析,这样才能得出客观且相对真实的预测。

提交后,学生可根据解析结果对比自己所提交的规划方案,解析结果如图11-24所示。

解析

人力资源规划环节	可能出现的风险点	合理的规避方式
需求和供给预测	外部环境没有考虑	主观判断与定量分析相结合

图11-24　风险控制解析

附 录

上通电信设备有限公司人力资源规划案例

一、企业基本情况

上通电信设备有限公司是一家生产、销售电信设备的员工持股的民营科技公司,是全球最大的电信网络解决方案提供商,全球第二大电信基站设备供应商。该公司始终秉承尊重员工,关心员工,满足员工需求,挖掘员工潜力,积极进行人才开发的管理理念。

该公司的主要经营范围是交换、传输、无线和数据通信类电信产品,在电信领域为世界各地的客户提供网络设备、服务和解决方案。上通电信设备有限公司在全球建立了 8 个地区部、55 个代表处及技术服务中心,销售及服务网络遍及全球,服务 270 多个运营商,产品已经进入德国、法国、西班牙、巴西、英国、美国、日本、埃及、新加坡、韩国等 70 多个国家。据统计,上通电信设备有限公司的 NGN(Next Generation Network,新一代网络)系统全球市场占有率为 18%,全球排名第一,交换接入设备全球出货量连续 3 年居第一;据统计,上通电信设备有限公司的 DSL(Digital Subscriber Line,数字用户线)出货量全球排名第二;据 RHK 统计,网络市场份额全球排名第二;上通电信设备有限公司是全球少数实现 3G WCDMA 商用的厂商,已全面掌握 WCDMA 核心技术,并率先在阿联酋、中国香港、毛里求斯等国家和地区获得成功商用,跻身 WCDMA 第一阵营,成为全球少数提供全套商用系统的厂商之一。

上通电信设备有限公司在集成产品开发(IPD)、集成供应链(ISC)、人力资源管理、财务管理、质量控制等诸多方面,与 Hay Group、PWC、FHG 等公司展开了深入合作。经过多年的管理改进与变革,以及以客户需求驱动的开发流程和供应链流程的实施,上通电信设备有限公司具备了符合客户利益差异化的竞争优势，进一步巩固了在业界的核心竞争力。

上通电信设备有限公司主要创始人说："发展中的企业犹如一只饥饿的狼。最显著的三大特性是，一敏锐的嗅觉，二不屈不挠、奋不顾身、永不疲倦的进攻精神，三群体奋斗、团队合作的意识。同样，一个企业要想扩张，要想在危难面前不被击垮，甚至逆势增长也必须具备这三个特性。"

然而超强的劳动强度、严厉的管理制度、残酷的内部优胜劣汰制度导致大量员工不堪重负，严重影响企业的员工稳定性；缺乏人文关怀的军事化规则与现今维护员工权利与自由的观念巨大冲突成为影响企业长期国际化发展与实现跨文化整合交流的重要原因；企业文化的"头狼"权威以及森严的等级制度容易抹杀员工的个性，这也是导致员工流失的原因。

二、市场环境

在电信设备产业方面，电信设备产业在政府的支持下经历了数字交换机阶段、GSM 阶段和 3G 阶段，实现蛙跳式追赶，为中国企业进入电信市场打开大门。在 2000 年以后，上通电信设备有限公司完成了市场开拓初期的任务，形成了比较完备的全球市场体系和产品体系。此时上通电信设备有限公司非常需要国家出口信贷的支持。上通电信设备有限公司积极参与了由国家相关部门领导人率领的企业家代表团，每次出访几乎都带来了国家为了促进双边合作、扩大企业销售的出口信贷政策，而且重点是支持重大合作项目。

世界信息经济和互联网产业的迅猛发展，为通信设备制造业提供了难得的发展机遇和巨大的发展空间，使其成为目前发展速度最快的行业之一。而在国外市场，2008 年开始的金融危机，使得西方国家纷纷出现财政困难，频频减少对通信设备的投入，这就给低价产品的上通电信设备有限公司带来了机遇。上通电信设备有限公司产品性价比高、交付快。上通电信设备有限公司全球有 40%的员工从事研发工作，每年将不低于 10%的销售额作为研发投入，这些保证了公司的技术领先和储备，同时，由于上通电信设备有限公司人力资源成本比发达国家低，产品较之便宜很多。

近年来，中国逐步成长为世界最大的移动电话市场，但无论是在国内还是国外市场中，中国手机制造商始终都在追赶世界大品牌的脚步。2010 年这一情形终于有了变化，据市场调研公司统计，上通电信设备有限公司位列世界第九。

目前有种说法：通信设备制造业已经慢慢变成了夕阳产业，技术能力过剩、服务过剩和终端用户固有消费习惯的惯性使得电信运营商盈利能力下降，这就必将影响设备制造商的收入和利润情况。上通电信设备有限公司目前的销售收入超过 75%来自海外，如果人民币持续升值，必将削减上通电信设备有限公司的竞争力。另一方面，通过合并和并购，电信设备制造商已经渐渐形成竞争集团，但显然上通电信设备有限公司被排除在外。

上通电信设备有限公司虽连续数年成为中国申请专利最多的单位，但这众多的专利中基本上没有原创产品。研发基础环节薄弱，改进型创新多，原创型创新少。国际化初期，利用国内派出的销售队伍，采取与国内相同的直接与电信运营商洽谈的直销模式。但实践证明，这只在南美之外的发展中国家比较有效，在发达国家更是行不通。

很多发达国家的人不信任"中国制造"的产品，在他们看来，中国货是价廉质差的代名词，这个大环境对于上通电信设备有限公司电信设备的销售很不利。此外，"农村包围城市"的国际化战略某种程度上牺牲了上通电信设备有限公司的品牌形象，不利于其品牌价值提升。

三、战略规划

基于客户需求持续创新，帮助客户满足用户对多样化终端的需求。加大创新力度，拓展市场销售。

继续推动进入国际市场的步伐，并化被动为主动，拥有自己独立的品牌得到国际市场的信任。目前上通电信设备有限公司是我国优秀企业国际化道路领先的精英，其采取"搭船出海"的策略，加入多个国际标准化组织，在国际化竞争中逐步转被动为主动，并成功赢得欧洲市场的拓展。这些正表明了上通电信设备有限公司在国际市场上的竞争力在慢慢增强的趋势。应继续加强自身品牌在国际上的影响力，从海外合资品牌转变为独立品牌。

目前上通电信设备有限公司正大力扩展海外市场，其第一要素即人才需求，为增强其国际竞争力，必吸收更多的高端技术人员、管理人员或销售人员等人才。同时注重国内技术的研究和开发，吸收更多的创新技术人才等。

坚定决策权前置的机制。坚持"市场驱动"为主的研发战略，探索以项目为中心的团队运作模式，确保产品满足市场的需要。与此同时，决策权前置，即将决策权转给能立即发现目标和机会的前线，即最接近市场的一线。从过去的"推"的机制转变为"拉"的机制。

在人力资源规划方面，提出了以下几项政策措施：

(1) 提升人力资源管理者的专业素质，为实现人力资源规划目标提供专业支持。一方面，人力资源部门主管须具有较高的专业知识与操作水准，既能够从事操作层面的人力资源管理工作，又能够制定人力资源管理战略。同时，能够充当公司发展战略的合伙人、下属各单位人力资源管理工作的指导者、员工职业成长路径的铺路者。另一方面，公司中高层人员要主动丰富自身人力资源管理知识，并对人力资源工作予以关注，尤其是公司辖下单位一把手，要积极推动和领导人力资源管理工作在本公司的实施，以使人力资源规划实时地推动公司战略的发展。

(2) 完善人才培养平台，逐步提升人员素质。建立公司各专业岗位序列标准及其晋升通道，设计员工职业成长路径，建立人才培养机制。通过开展工作分析，对岗位的任职条件进行梳理，建立岗位任职资格体系；结合企业各专业人员的发展特点，设计岗位序列标准，指导建设各专业发展通道。帮助员工制订长期的发展计划，通过为员工选取企业导师，制定素质培养目标及培养计划，配套的跟踪、考评机制，并借助人才有序的流动机制，加速提升员工素质，在实现公司发展目标的同时帮助其实现自身的发展目标。

四、组织结构

到了公司发展中期，上通电信设备有限公司对组织结构进行了重大调整，由以往集权式结构向直线职能结构改变，以应对快速变化的市场。后来，上通电信设备有限公司又进行了调整，在原有的直线职能制上，逐步推行了事业部制，但随着公司自身产业发展，规模扩张、产品类型急剧增多，统一销售就造成产品生产和销售脱节，经营业绩随之大幅度下滑。我国以前处于计划经济时期，市场竞争不激烈，企业谈不上策略，组织不完善也不会产生特别大的影响。但现在市场竞争日益激烈，传统的组织结构已不能满足现在的需要。例如，总公司下设五个分部门，分别是人力资源部、财务部、营销部(下有区域管理部、产品行销部、客户管理部、市场部)、技术部、生产部。各部门都自成体系，营销部门分部的部长均由本部长兼任，使得营销部实质上仍然是直线职能制组织结构，四个部门缺乏相应的分权，造成本部门管理幅度过大，无暇考虑公司总的经营决策。

随着公司的壮大，总经理发现上通电信设备有限公司染上了"大企业病"，反应迟钝，效率低下，企业由上到下都是行政隶属关系，一级传递一级，集团是决策中心，营销部门是利润中心，生产部门是成本中心，研发部门是质量中心。结果，所有的人只面对上级，都没有面对市场，没有责任对整个过程负责，各司其职，根本无法对大规模企业灵活管理。因此改变组织结构迫在眉睫。

五、人力资源现状分析

上通电信设备有限公司实行员工持股制度。上通电信设备有限公司用转化为资本这种形式，使劳动、知识以及企业家的管理和风险的累积贡献得到体现和报偿；利用股权的安排，形成公司的中坚力量，保持对公司的有效控制，使公司可持续成长。公司人力资源现状如下：

职工分工情况：上通电信设备有限公司已从初创时十几个人的小公司发展到目前拥有员工将近1 600人的大企业。其中，专业技术人员约占员工总数的40%，高层管理人员有20人左右。

职工学历和职称：与一般企业相比，上通电信设备有限公司的员工学历较高，其中博士占0.5%，硕士占41%，本科占46.5%，大专或以下占12%。但是，具有高级职称的只占4%，中级职称的占27%，初级职称的占60%，没有职称的占9%，高学历低职称的员工占很大比例。显然，这种学历和职称分布结构不合理。

职工工龄结构：工作 5 年以上的占 12%，工作 4~5 年的占 23.5%，2~3 年的占 38%，1~2 年的占 18%，1 年以下的占 8.5%，这种工龄结构说明职工流动性很大，大部分职工的工龄都在 1~4 年，5 年以上或者 1 年以下员工比重偏少，说明企业不能长期留住员工，当然这与公司的高速发展战略和近年的人员招聘有关。

职工年龄比例：30 岁以下占比 33.2%，30~45 岁占比 65.3%，45 岁以上 1.5%。

职工性别比例：男性占比 56%，女性占比 44%。

公司非常重视员工的工作技能培训，培训高付出并没有得到高回报，公司的生产效率和销售效率较低，只达到了平均每人每年 3 000 件和每人每年 6 000 件。

公司近 5 年来的人员变动情况如表附 1~表附 5 所示。

表附1　2012—2016年公司职工人数

年度	第 1 年	第 2 年	第 3 年	第 4 年	第 5 年
管理级人数	143	137	128	123	125
员工人数	1199	1316	1369	1427	1465

表附2　2012—2016年公司各部门总人数

年度	第 1 年	第 2 年	第 3 年	第 4 年	第 5 年
生产部人数	691	752	771	810	824
营销部人数	306	312	318	320	327
技术部人数	280	310	319	321	325
人力资源部人数	30	36	43	49	56
财务部人数	35	43	46	50	58

表附3　2016年管理人员人数

部门 人数	生产部	技术部	营销部	人力资源部	财务部
管理人员数	24	25	27	26	23

表附4　2016年企业各部门员工人数

部门	生产部	技术部	营销部	人力资源部	财务部
人数	800	300	300	30	35

表附5　2017年公司内部人事变动率

部门 年度	生产部	营销部	技术部	人力资源部	财务部	离职率
第1年	70%	20%				10%
第2年		70%	10%			20%
第3年	20%	20%	50%			10%
第4年				80%	10%	10%
第5年				10%	80%	10%

六、费用规划

在员工的招聘和培训上，公司花费了较多的人力和财力。上通电信设备有限公司的人力资源部每年都会前往一些高校进行校园招聘，开办一些求职讲座，向毕业生宣传企业的文化，招聘高校毕业生加入到本公司，并且会在人才网上定期更新招聘信息，定期组织开展人才交流的活动，吸引求职者前来应聘。仅2016年公司就开展了6次校园招聘预算6万元，4次人才交流活动预算4万元，以及在求职网上更新招聘信息等活动预算5万元，共计花费15万元。2017年公司扩大规模，建立子公司，需要招聘生产、财务、人事、技术、研发等人员。

为提高企业员工的工作效率，该公司从2009年就开始建设企业内部的培训体系，现在培训体系已经日益成熟，包括专家授课、技能实训、案例分析、传统授课等形式的课程，每次的培训课程费用基本在15万元上下浮动，企业同时也在源源不断地开发新的培训项目，以适应企业的发展要求。2017年公司打算对技术人员、管理人员、生产人员、销售人员进行相应的培训。对销售部和生产部进行工作技能培训；对管理人员进行企业文化培训、管理培训；对技术部进行计算机技能培训等。2016因为部分员工离职，公司销售主管、销售经理、财务主管、绩效主管、薪酬主管、生产主管等相关职位出现空缺。为填补空缺职位。公司根据培训结果，对相应人员进行晋升，以填补职位空缺。

2016年公司晋升78人，转岗159人，离职63人，实际花费培训费用50万元。2016年，上通全年营业收入人民币3亿元，营业成本1.5亿元，利润总额1亿元，其中人工成本500万元。全年工资支出为3 020万元，社会保险金总额为1 000万元。

为了营造更轻松融洽的工作氛围，增进员工之间的沟通交流，上通电信设备有限公司每年都会举办一些集体活动。如小型运动会，员工可以通过参加各种体育项目赢取奖品；每年组织两次春/秋游；定期部门聚餐等。2016年在这方面总计花费100万元。

上通电信设备有限公司比较重视内部员工的激励体系和绩效考核。绩效考核从企业、团队、个人三个层面进行；与薪酬挂钩；与职位联系。激励体系分为两部分，一是对有突出贡献的核心人才按照精神奖励和物质奖励相结合的原则，进行重点奖励，发挥社会荣誉和经济利益的双重激励作用。二是对取得学历与执业资格证书的员工按照学位、证书的高低实行奖励，鼓励员工再学习。仅2016年，上通电信设备有限公司就支出了200万元的激励费用。